SEJERØ
BALLEN
SAMSØ
FYNS HOVED
KORSHAVN
SEELAND
ROMSØ
KERTEMINDE
ODENSE
SPROGØ
KORSØR
ÜNEN
NYBORG
LUNDEBORG
HOV
ELSHOVED
SVENDBORG
THURØ
TROENSE
TÅSINGE
LANGELAND
BIRKHOLM
RUDKØBING
LOLLAND
ÆRØSKØBING
MARSTAL
BAGENKOP
KELDSNOR
FEHMARN
W0242361

"FIRECREST" RUND FÜNEN

Ein Segelsommer in Dänemark

Clemens Richter

“FIRECREST” RUND FÜNEN

Ein Segelsommer in Dänemark

VERLAGSHAUS DIE BARQUE

Für
Hugo Gebhardt

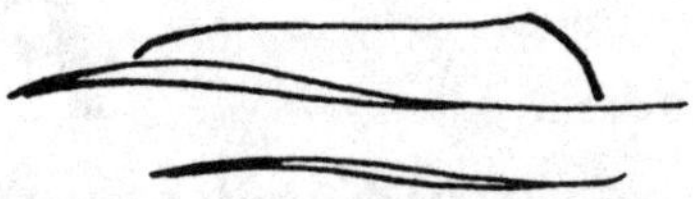

Impressum

Clemens Richter
"Firecrest" rund Fünen
ISBN 3-89242-126-9

Umschlaggestaltung/Karte: Hinnerk Bodendieck/YPS, Hamburg
Layout: Astrid Koors/YPS, Hamburg
Illustrationen/Foto: Clemens Richter, Flensburg
Satz: vpa, Landshut
Gesamtherstellung: C.H.Wäser, Bad Segeberg
Printed in Germany

Inhalt

Vorwort

Dutzendweise füllen Segelbücher über Weltumseglungen und Langfahrten in exotische Reviere mit mehr oder weniger nützlichen seemännischen Gebrauchsanweisungen die Regale in den Buchhandlungen und die Bücherschränke begeisterter Fahrtensegler. Auch ich besitze die meisten dieser Werke und träume von dem Aufbruch zu großen Segelabenteuern.

Doch wo sind die Reisebeschreibungen, die den deutschen Segler „mit seinem Revier" vertraut machen, mit dem Segelrevier, das vor seiner Haustür liegt und das die Armada seiner Sportkameraden jeden Sommer durchkreuzt – die „Dänische Südsee" und die Gewässer um Fünen?

Die Antwort auf diese Frage gab die Idee zu meinem Buch. Gleich vorweg: es ist kein Hafen- oder Seehandbuch, denn diese Werke gehören ohnehin in die Bordbibliothek, und es ist kein kulturell anspruchsvoller Reiseführer mit Besichtigungsvorschlägen.

Ich habe dieses Buch vielmehr für den Segelkameraden geschrieben, dem es nicht mehr genügt, möglichst schnelle und bequeme Etappen von Hafen zu Hafen zurückzulegen, um dort dann mit größtmöglichem Komfort eine Art Campingleben am Steg zu führen.

Mein Wunschleser sucht das Segeln im Rhythmus der Natur, die Faszination von Wind und Wetter auf offener See und überall dort, wo Wasser und Land in kämpferischer Harmonie aufeinandertreffen und ungewöhnliche Abenteuer versprechen. Er segelt, um selbstverantwortlich auf eigenem Kiel Seemannschaft als Hobby zu betreiben, und wenn er an Land geht, dann am liebsten dort, wo der Mensch noch das Maß der Dinge ist.

Vielleicht ist es noch nicht lange her, daß er seine große Leidenschaft entdeckte. Nun möchte er den Absprung vom Nachmittagssegeln vor der Haustür in weitläufigere Gewässer wagen.

Vielleicht sucht er noch den Anstoß, aus dem Wochenendtrott von Hafen zu Hafen auszubrechen, um irgendwo im Leeschutz vor offener Küste zu ankern und dahin zu segeln, wohin ihn Wind und Entdeckerfreude treiben und wo ihn nicht bereits Kommerz und Service mit Stromanschluß und heißen Duschen empfangen.

Mein Leser wird mich auf einem Sommertörn mit Freunden rund um Fünen und durch die „Dänische Südsee" begleiten. In seiner Phantasie wird er neben uns an Deck sitzen, und ich werde ihm erzählen, was ich an Erfahrungen und Wissen als Segler und Berufsseemann zusammengetragen habe.

Er wird lesen, warum es logisch ist, bei der üblichen Westwindwetterlage rechtherum um Fünen zu segeln, und er wird die Schwellenangst vor Ankermanövern überwinden. Nach ersten geklemmten Fingern und einigen Schrammen am Bug von den Ankerflunken wird er erkennen, welch vielseitiges naturnahes Seglererleben sich mit Anker und Dingi erschließen läßt.

Und wenn er Wachsamkeit, seemännische Voraussicht und Wetterverständnis entwickelt, wird er herausfinden, daß das große Segelabenteuer nicht erst hinter der Biscaya und in den Weltumseglerbüchern beginnt, sondern gleich hier in der „Dänischen Südsee".

Selbst in der Hochsaison in den großen Ferienzentren und Yachtmarinas liegen Einsamkeit und Ursprünglichkeit oft dicht daneben. Und so wird es immer bleiben, denn in der Mehrzahl sind die Menschen ängstlich und bequem und neigen eher dazu, mögliche Freiheitsräume lieber nicht zu betreten. Doch wenn wir unsere Träume nicht aufgeben wollen, müssen wir zuweilen hinaus und uns das Glück und die Befriedigung gegen den inneren Schweinehund – der nicht selten „Bequemlichkeit" heißt – erkämpfen.

Nicht jeder von uns kann die Welt umsegeln, doch die „Dänische Südsee" liegt unmittelbar vor der Haustür. Also „Klar vorn und achtern!"

„Dänische Südsee" – Ist der Name eine Schöpfung der Fremdenverkehrswerbung? Nein! Der Begriff war schon den Alten geläufig und hatte einen sehr ernstzunehmenden Inhalt. Er bedeutete tatsächlich den Vergleich zu tropischen Gefilden.

Aber die Seefahrer der Ostsee meinten mit „Südsee" weniger Sonne, Strand und Badebuchten mit Kokospalmen als niedrige Inseln, tückische Untiefen, unberechenbare Strömungen, Riffe, plötzliche Wetterveränderungen, „weiße Böen", Flautenlöcher, eben die navigatorischen Bedingungen, die sie von ihren weltweiten Handelsfahrten in tropische Meere kannten und an die sie ihre heimatlichen Gewässer durchaus erinnerten.

Schon 1612 schrieb Willem Blaew in seinem Handbuch „Light of Navigation“ über die Gewässer südlich Fünen: „. . . leave the foul grounds sideways from you!“

Es gab keine exakten Karten, keine Betonnung, keinen Wetterdienst, kaum Leuchtfeuer. Der Lotse war ein wichtiger Mann und Strandräuberei eine Erscheinung, mit der man zu rechnen hatte.

Daß die alten Dänen durchaus internationale Vergleichsmöglichkeiten hatten, beweisen die vollgestopften Schiffahrtsmuseen von Troense und Marstal. Mit ihren kleinen gedrungenen Segelschiffen waren sie sogar im Chinahandel tätig, und wenn die Kapitäne die heimatlichen Gewässer endlich wieder erreicht hatten, mußten sie sich plötzlich mit den gleichen Problemen herumplagen, die ihnen schon auf der anderen Seite der Erdkugel Kummer bereitet hatten.

Ebenso wie die Passate und Monsune durch die im Weg liegenden Inselgruppen der Südsee abgelenkt und durcheinandergewirbelt werden, so schaffen sich auch die dänischen Inseln, besonders im Sommer, ihr eigenes Wetter. Mit der über ihnen entstehenden Thermik durchstoßen sie bei geringen Luftdruckgegensätzen je nach Großwetterlage die vorherrschenden Ost- oder Westwinde. So entstehen unvorhersehbare lokale Windsysteme, Luftspiegelungen, plötzliche Seenebel, selbst Windhosen und, durch Eckeneffekte und Düsenwirkungen, engbegrenzte kurze Sommerstürme.

Heute sind die Untiefen vermessen und betonnt, Leuchtfeuer weisen uns den Weg, das Wetter ist im Griff der Radiostationen. Wer eine starke Maschine besitzt, braucht keine Strömung zu fürchten. Überall in geringer Entfernung liegen geschützte Häfen (wenn sie auch manchmal überfüllt sind).

Doch es bleibt ein großes Revier von faszinierender Vielfalt mit einem gewissen unberechenbaren Element, einem Risiko, kalkuliert und begrenzt, aber es ist da. Es gehört zum Segelsport, und wir wollen es so haben. Sonst blieben wir an Land.

Die “Firecrest”: Ein Traum wird wahr

„Firecrest“ – so steht es in grün angelaufenen Messingbuchstaben auf dem elegant überhängenden Yachtheck. Etwas vernachlässigt, mit Schmutzstreifen auf der Außenhaut, schaukelt die schlanke Kutteryacht in der leichten Sommerbrise an ihrer Boje.

Alain Gerbault, der bekannte französische Tennisspieler und Flieger, geht über die ausgeblichenen Planken und schlägt mit der Handfläche prüfend gegen den massiven Holzmast. „Etwas Farbe und Sandpapier und sie ist wieder wie neu!“

Gerbaults Freund, der englische Yachtsegler Ralph Stock, rät zum Kauf. Der Franzose erwirbt das Boot. Er hat große Pläne. Als erster wird er den Atlantik einhand von Ost nach West auf der Nordroute gegen die vorherrschenden Westwinde überqueren – und er wird die Welt umsegeln. Die Firecrest wird ihn berühmter machen als selbst seine Tenniserfolge und sein Sieg im Davis-Cup- Finale. – Das war in England im Sommer 1921.

60 Jahre später stand ich auf der Mole des Yachthafens von Cannes in Südfrankreich und blickte über den dichten Mastenwald. Hierher hatte Gerbault die Firecrest überführt und hier wollte ich mit der Suche beginnen. Die originale Firecrest gab es freilich nicht mehr, aber ich suchte etwas ähnliches – eine der alten englischen Kutteryachten, die Anfang dieses Jahrhunderts entstanden sind, oft umgebaut aus Lotsenkuttern oder Fischerbooten, mit senkrechtem Vorsteven, langem Klüverbaum, seetüchtig und gefällig in den Linien. Als das Fahrtensegeln damals langsam zu Ansehen kam, waren es *die* Boote, und viele erfolgreiche Weltreisen sind mit ihnen unternommen worden. Ein solches Boot wollte ich haben, und hier am Mittelmeer, dem klassischen Refugium sonnensüchtiger Englän-

der, rechnete ich mir Chancen aus, günstig etwas „second-hand“ zu bekommen.

„Firecrest“ – dieser Name brannte sich auf meine innere Netzhaut, als ich im zarten Alter von 11 Jahren mein erstes Buch über Langfahrtsegeln wieder und wieder durchlas. Seefahrt, Segelschiffe, Weltfahrten hatten mich schon früh begeistert, schließlich wurde ich in Möltenort an der Kieler Förde geboren und tatsächlich mit Ostseewasser getauft.

„Firecrest“: Fire – Feuer, Crest – der schaumige Kamm der brechenden See – ich war verloren, und in den nächsten Jugendjahren war das einzige Thema, über das man sich mit mir vernünftig unterhalten konnte, das Segeln. Darüber wußte ich „alles“. Mein komplettes Taschengeld setzte ich in Fachliteratur um. Die „Seemannschaft“ und Hiscocks dicke Handbuch-Klassiker „Segeln in Küstengewässern“ und „Segeln über sieben Meere“ kannte ich nahezu auswendig, bevor ich das erste Mal auf einer richtigen Segelyacht mitsegeln durfte. Denn Mitsegelgelegenheiten waren damals knapp.

Deshalb schloß ich mich der kleinen Jugendgruppe der „Möltenorter Seglerkameradschaft“ an. Wir segelten mit der Mim, einem hölzernen Rettungsboot. „56 Personen“ stand noch auf einer kleinen Messingtafel am Heck. Mit Hilfe einer unter den Kiel gebolzten tiefgehenden Eisenplatte, eines hohen Mastes und eines langen Klüverbaumes hatte der Segelclub einen Gaffelkutter daraus gemacht.

Durch unsere Mim lernte ich die Vorzüge der Gaffel schätzen, die Narrensicherheit eines mit weiter Reihleine an den Mast geschlagenen Segels, das sich bei jedem Winddruck und allen Kursen problemlos zum Wind bergen läßt. Manches an der Mim war freilich sehr improvisiert und abenteuerlich. Nachdem wir einmal bei einem engen Hafenmanöver mit der Dirk an einem Dalben hängengeblieben waren, ließen wir sie ganz fort – beim Reffen oder Bergen des Segels lag der Baum einfach an Deck. Die Segel hielten noch einige tausend Meilen, nachdem sie bereits so morsch waren, daß wir beim Segel-bergen nur noch vorsichtig zulangten. Aber wir lernten, schnell und sauber mit Dreikantnadel und Segelhandschuh umzugehen.

Trotz aller Mängel – wir liebten unser Boot. Mim hatte Charakter, sie lebte. Wie eine alte Oma mit Rheuma, aber immer unter Wahrung ihres jugendlichen Charmes.

In dieser Zeit entstand in mir der leidenschaftliche Wunsch nach einem eigenen Boot, dessen Kurs ich allein bestimmen konnte. Sosehr ich die Mim liebte, der Name Firecrest hatte in mir zu wirken begonnen. Ich wollte eine kleine Yacht, stark genug, jeder See zu trotzen, mit einer dichten Kajüte, in der Bettzeug und Wäsche trocken blieben, ein Boot, das ich sorglos krängen konnte ohne Gefahr, daß es über das Dollbord voll Wasser lief.

Ich begann zu zeichnen, zu entwerfen. Ich kombinierte alle Arten von Rumpf und Rigg, die denkbar waren, konstruierte Schoner, Slups, Ketchen, Yawls und kam doch immer wieder auf den klassischen englischen Kutter zurück. In feiner Silhouette, wie aus Pfeifenrauch, schwebte vor meinem geistigen Auge stets der Umriß eines hohen Gaffelriggs mit drei Vorsegeln und Topsegel über einem stämmigen Rumpf mit niedrigen Aufbauten, senkrechtem Vorsteven und langem Klüverbaum. Dieser schien mir wie kein anderer Typ die Atmosphäre von Segeln, Seefahrt und Abenteuer in sich zu vereinen.

Wenn sich in den langen Jahren „tief im Landesinnern" der Schulunterricht von Stunde zu Stunde dahinschleppte und die Stimme des Lehrers sich mit dem Schaben der Kreide auf der Wandtafel zu monotonen quälenden Geräuschen vereinte, hatte ich unter der Bank den schon völlig zerlesenen Atlas auf den Knien und träumte. Ich sah ein kleines Boot auf blauem Meer, in dem braune Gestalten an Schoten und Fallen holten und hörte Sabus Lied aus dem Film „Der Dieb von Bagdad":

„Ich möcht ein Seemann werden,
segeln durch die Welt,
segeln nach Nord und Süd
so wie es mir gefällt. Heimat, leb' wohl,
ich suche in der Welt mein Glück . . ."

Und wie oft las ich den Anfang von „Moby Dick", in dem Hermann Melville schreibt: „. . . als eines Tages mein Beutel leer war und an Land mich nichts mehr hielt, kam mir der Gedanke, mich ein wenig auf See umzutun und den nassen Teil der Welt zu besehen . . . Immer wenn mir der Mißmut am Mundwinkel zerrt und nieselnder November in die Seele einzieht, wenn ich unwillkürlich vor den Fenstern der Sargtischler stehenbleibe . . . dann ist's für mich höchste Zeit, zur See zu gehen."

Es sollte noch einige Jahre dauern, bis ich mit dem Bau „meiner Yacht" beginnen konnte. Zeichnen, planen, Informationen einholen, Preise studieren, Fachbücher lesen, Kontakte knüpfen zu Konstrukteuren und Gleichgesinnten und suchen nach einem geeigneten Bauplatz – das war am schwierigsten. Ich suchte einen Platz an der Küste in der Nähe der Seefahrtschule, an der ich mich zum Nautikstudium eingeschrieben hatte.

Retter in der Not wurde mein Onkel Siegfried, Landwirt in Angeln: Er bot mir einen Platz in seiner Scheune an, in unmittelbarer Nähe zur Schlei gelegen. Hier entstand in den nächsten Jahren langsam die FIRECREST. Auf gleicher Höhe mit dem Deck lag der leergeräumte Strohboden. Ich brauchte nur einen Schritt zu machen und stand auf einer riesigen Arbeitsfläche, als Schnürboden und Segelmacherboden gleichermaßen geeignet. Jede

Woche, jeden freien Tag und alle Semesterferien bastelte ich am Boot, im „Schoße der Familie", liebevoll versorgt von meiner Tante.

Schließlich stand wieder ein Sommer vor der Tür, und endlich war es dann soweit: Ich absolvierte mein Examen, und gleichzeitig erfolgte der Stapellauf. In den folgenden Wochen lag ich im Gunnebyer Nor unterhalb des Hofes meines Onkels vor Anker. Ich rüstete aus, machte kurze Trimmschläge auf der Schlei und gewöhnte mich an den Gedanken, meinen Traum verwirklicht zu haben.

Irgendwie wollte sich die große Freude nicht recht einstellen. Das Examen war bestanden, das Boot schwamm – trotzdem war ich leer und ausgebrannt. Aber ich machte einfach weiter. Sobald der Wind günstig stand, segelte ich hinaus in die blaue Ostsee, und nun begann die eigentlich schöne Zeit: die Lehrzeit auf eigenem Kiel. Ich mußte erst einmal die speziellen Eigenarten der Firecrest entdecken und lernen, mit ihr richtig umzugehen, da war plötzlich die alte Begeisterung wieder da. Zwar gab es hier und da kleine Kratzer, verschiedene Änderungen und Umbauten, eine Maschine wurde eingebaut und manches umgetakelt, doch mit den Farb- und Lackschichten wuchs der Firecrest so etwas wie eine Persönlichkeit.

Jetzt manchmal, wenn ich auf der Pier stehe und die Yacht als Ganzes vor mir liegen sehe, oder unterwegs, wenn ich in den Mast geklettert bin, wie damals auf der Mim und herabschaue, wie das Schiff die Seen in Schaumstreifen zerteilt, dann überkommt es mich zuweilen wie im Rausch, und ich gehe ganz auf in meinem Traum, der nun greifbare Wirklichkeit geworden ist. Dann erfüllt mich ein Gefühl wie ein helles strahlendes Blau.

Es geht los!

Von Möltenort nach Fåborg
Auf den Dorschgründen

SONNABEND

Hellblau wölbte sich der Julihimmel über dem morgendlichen Hafen von Möltenort. Ich saß auf der Kante des Bootssteges und ließ die Beine herabhängen. Unter mir gluckste öliges Hafenwasser. Möwen kreischten. Dampfer tuteten. Vor 15 Jahren war genau an dieser Stelle der Liegeplatz der alten Mim und oft saß ich wie heute gegen einen Poller gelehnt und wartete auf meine Segelkameraden.

Alles war wie damals, doch es war die Firecrest, die da vor mir zwischen den Pfählen lag. Ich schaute nach oben zum Verklicker, der leise flatternd nach Westen zeigte. Die Vorsegel hingen lose angeschlagen an den Stagen, das Dingi ruhte festgezurrt in seinen Klampen auf dem Kajütsdach, unter Deck war alles verstaut und seeklar. Mein Freund Herbert war losgegangen, um bei der Fischereigenossenschaft Ölzeug zu kaufen, und er ließ sich offenbar Zeit.

Einmal rund Fünen! Oft hatte ich die Route gesegelt, ostwärts oder westwärts, in fremden Booten, nie mit Firecrest. Entweder hatte meine Zeit nicht gereicht oder die meiner Mitsegler. Doch diesmal sollte es klappen! Und wie damals mit Mim sollte Möltenort der Ausgangshafen sein. Ich hatte genügend Zeit für mich eingeplant, und für die Ablösung meines Kameraden unterwegs war gesorgt. Ich brannte darauf, endlich loszukommen.

Ich zwang mich zur Ruhe und schaute hinüber auf die buntgemalten Fischkutter in Grau, Rot, Blau und Weiß mit kurzen Masten und Bündeln schwarzflatternder Netzbojen. Auf der Holzbrücke, an der sie lagen, türmte sich ein Gewirr von Netzen, Fischkisten, Schwimmerkugeln und Tauwerk. Dazwischen eine Gruppe braungebrannter Fischer, deren Gelächter und ostpreußisch-plattdeutsche Wortfetzen halblaut herübertrugen. Hinter den parkenden Autos an der Uferstraße lagen helle Häuser zwischen Grün und Bäumen. In den geöffneten Fenstern lüfteten Federbetten in der Morgensonne.

Herbert tauchte auf mit großen Paket unterm Arm. Ich warf die Maschine an. Er reichte das Paket herüber und machte gleich die Leinen los, ehe er an Bord sprang. Ich legte die Kupplung ein, und langsam nahmen wir Fahrt auf. Wir querten das Hafenbecken und holten die Fender ein. Kurz vor der Einfahrt blies ich einmal lang und kräftig ins Nebelhorn, zur Warnung für einlaufende Fahrzeuge. Oft tauchen kleine Fischerboote gerade dann unversehens hinter der hohen Hafenmole auf, wenn wir Segler gefrühstückt haben und auslaufen wollen. Um diese Zeit sind die Fischer mit ihrer Morgenarbeit bei den Netzen bereits fertig.

Gleich hinter der Einfahrt holte ich an Piek- und Klaufall das Großsegel hoch und setzte Fock und Klüver. Herbert bediente vom Cockpit aus die Schoten und warf das Leebackstag los. Dann schaltete er die Maschine aus, und wir segelten – Ruhe und Gelassenheit waren eingekehrt.

Während Herbert außerhalb des Tonnenstriches Kurs Außenförde hielt, staute ich unter Deck die letzten Einkäufe weg und machte Eintragungen ins Schiffstagebuch. Ich füllte die üblichen Spalten mit Wind, Wetter, Bunkerbeständen usw., trug die Auslaufzeit ein und schrieb dann: *„09.20 Möltenorter Ehrenmal Stb passiert – Anfang der Seereise.“* Diese Eintragung ist eine Gewohnheit, die ich aus der Handelsschiffahrt beibehalten habe. Auf das Yachtsegeln übertragen bedeutet sie: Ablegemanöver beendet, Hafen verlassen, Segel gesetzt, Maschine aus, Reise beginnt. Für eine kleine Privatyacht ist das Führen eines Logbuches nicht lebenswichtig. Dennoch kann das Schiffstagebuch eine wertvolle Erinnerung sein und sauber geführt erhöht es nach einem Unfall bei einer Seeamtsverhandlung erheblich die Glaubwürdigkeit des Skippers.

Beim Leuchtturm Friedrichsort kreuzten wir das Fahrwasser, weil es dort am schmalsten ist. Am Westufer entlang, außerhalb des grünen Tonnenstrichs, segelten wir hinaus aus der Förde, ohne den großen Dampfern ins Gehege zu kommen. Auf dieser Seite des Fahrwassers konnten wir den Leuchtturm Kiel weit an Steuerbord lassen. Wir brauchten auf unserem Weg nach Norden das dichtbefahrene Verkehrstrennungsgebiet nicht zu kreuzen, das sich östlich vom Leuchtturm erstreckt. Der leichte Westwind schob uns vor sich her, erste weiße Cumuluswolken quollen am blauen Himmel, es roch nach Tang und See. Ich machte das Topsegel klar, was etwas umständlich zwischen Gaffel und Top vorgeheißt wird. Beim Anschlagen und Setzen müssen drei Leinen gleichzeitig kontrolliert werden: Fall, Schot und Niederholer. Doch ich hatte Übung, und bald stand es prall in den Lieken. Gleich spürten wir die zunehmende Fahrt, und die Firecrest krängte weiter über, denn das Topsegel ist ein wirksames Segel und für ein Gaffelrigg unentbehrlich.

Schilksee und Strande blieben Backbord achteraus, und bald passierten wir Bülk, den großen schwarz-weißen Leuchtturm am Ausgang der Förde. Wie immer am Wochenende zog auch heute eine Flotte weißer und bunter Segel mit uns hinaus. Viele segelten schneller als wir und schoben sich an uns vorbei.

Die Firecrest ist gewollt schwer und untertakelt; ich besitze zwar einen Spinnakerbaum, doch es fehlt das dazugehörige Segel. Aber das focht uns nicht an. Wir saßen halb ausgestreckt im Cockpit und träumten unserem Pfeifenrauch hinterher. Vor uns lag blauschimmernd die Ostsee und unsichtbar hinter der Kimm die „Dänische Südsee" und Fünen. Da der Westwind nicht weiter zunehmen wollte, setzte ich den Flieger. – So heißt das dritte Vorsegel, das die Lücke über dem Klüver zwischen Klüverbaumnock und Masttop schließt. – Durch 10 Quadratmeter mehr vorangezogen, begann das Kielwasser unter dem Heck zu gurgeln und zu plätschern. Nur noch langsam holte die eine oder andere schnelle Yacht auf. Ich begann, mit der Schlagpütz Wasser zu schöpfen und schrubbte das Deck – notwendiges Ritual nach jedem Auslaufen.

Bald nach Mittag begann der Wind immer mehr abzuflauen. In der Ferne querab an Backbord ragte der Leuchtturm von Schleimünde aus der Kimm, umrahmt von waldigen Hügeln, die in der Luft zu schweben schienen. Mit 2-3 Knoten zogen wir dahin. Zeit für Kaffee und Bisquits, die Herbert im Cockpit servierte.

Gegen Abend schoben wir uns mit ausgebaumter Fock über die leicht gekräuselte ruhige See auf den Eingang des Kleinen Belts zu. Unsere Fahrt sank auf einen Knoten, dann auf einen halben, und schließlich drehte das, was vom Wind noch übriggeblieben war, auf NW, und wir mußten abfallen, auf Ærøs langgestreckte Küste zu.

Schon am frühen Nachmittag hatten die Segelboote in unserer Nähe begonnen, unter Maschine dem nächsten Hafen zuzustreben. Um die Rollbewegungen in der leichten Dünung zu dämpfen, oder auch einfach aus Faulheit, ließen die meisten dabei das dichtgeholte Großsegel stehen. Jetzt unterbrachen nur noch in weiter Ferne einzelne Segel die silberne Linie der Kimm. Als einziges Schiff schwammen wir inmitten weiter Wasserfläche.

Herbert saß am Rad, und ich klapperte in der Kombüse im Vorschiff und beschäftigte mich mit italienischen Spaghetti. Ich versuchte, Spaghetti von einem halben Meter Länge in einem Kochtopf von 20 Zentimeter Durchmesser unterzubringen, ohne sie zu zerbrechen. Als das geschafft war, ließ ich sie vor sich hinkochen und nahm unterdessen von den markanten Kirchen und Windmühlen Ærøs ein paar Kreuzpeilungen. Wir standen genau auf Vodrup Flak, einer Untiefe zwei Meilen vor der Küste. Das Echolot zeigte zur Bestätigung 9 Meter Tiefe.

Beim Abendessen im Cockpit flaute der Wind endgültig ab. Wir dümpelten träge in der Flaute, und ich höre schon die Frage: Warum benutzt er jetzt nicht den Hilfsmotor? Den „Hilfs“-Motor – in dem Wort ist bereits die Antwort und die Gegenfrage enthalten: Hilfe wofür? Es bestand keine Gefahr, und wir waren hinausgesegelt, um Ruhe und Natur zu finden. Und wohin motoren? Mommark und Marstal waren sowieso überfüllt und je zwei Motorstunden entfernt – das wollten wir uns nicht antun!

Wer bei jeder Gelegenheit die Hand am Starter hat, wird niemals erleben, was es heißt, wirklich zu segeln. Er mag seinen Spaß haben, sicherlich, aber segeln? Zum Segeln gehört für mich, die geistigen und körperlichen Kräfte an der Natur zu messen, eben auch Geduld zu haben, wenn sie Pause macht und meinen Mut zu stärken, wenn sie zum Schlag ausholt. Und die Natur schert sich eben nicht um die üblichen Schlafenszeiten. Doch reich werden wir belohnt, wenn wir uns ihrem Rhythmus unterwerfen. Sie zeigt uns Dinge, die der Campingsegler, der morgens um 11 Uhr ausläuft, um rechtzeitig zum Kaffeetrinken in der nächsten Marina zu sein, niemals sieht. Weiß er z. B., daß beinahe jede Sommernacht auf See von Meerleuchten glimmt? Sieht er die Kormorane beim Fischen am einsamen Ankerplatz? Freilich: „Es gibt kein Bier auf Hawaii . . . “

Ein Hilfsmotor ist eine Konzession an den modernen Hafenbau, doch auf See? Bedenklich, daß so viele Wassersportler ohne ihn nicht mehr auskommen können.

Die Sonne sank tiefer, die Farben wurden weicher, die Cumuluswolken fielen zu langgestreckten schwarzgrauen Wolkenbänken zusammen. Goldgelb leuchtete die lehmige Steilküste Ærøs in der Abendsonne. Endlos spiegelte der Abendhimmel in der glatten glänzenden Wasserfläche, die in kaum merklicher Dünung auf und nieder schwappte. Unter der schimmernden Oberfläche pulsierten blauweiße Ohrenquallen – Quallen, wohin man blickte. Herbert saß im Cockpit, drehte ab und zu nutzlos am Ruderrad und las. Ich hatte mich unten auf der Koje ausgestreckt und döste im Halbschlaf wohlig vor mich hin. Um uns totale Stille.

Plötzlich hörte ich feines Zirpen von der Bordwand her, das langsam lauter und deutlicher wurde. Ich stand auf und streckte den Kopf aus dem Niedergangsluk. In der Ferne zog ein kleiner Frachter dahin. Sein Kurs führte in unserer Nähe vorbei. Ich hatte seine Schraubengeräusche gehört, die unter Wasser sehr viel weiter und schneller tragen als in der Luft. Man sollte sich aber nicht zu sehr auf diese Art akustischer Warnung verlassen. Die Kavitationsgeräusche der Schraube (Entwicklung von Dampfblasen durch das schnelle Drehen im Wasser) sind abhängig von Form und Drehzahl der Schraube und von dem Winkel zum Horcher. Bereits geringe Segelgeräusche können sie überlagern, und es kann passieren, daß ein Dampfer dicht passiert, ohne daß man unter Deck etwas von ihm hört.

Kurz nach 20 Uhr zündete ich die Positionslampen an, denn die Sonne sollte bald untergehen. Ehe ich die Lampen draußen in die Lampenbretter an den Wanten einhängen konnte, mußten sie erst einbrennen. Die Flamme heizt die Lampe auf, das Petroleum erwärmt sich und wird flüssiger, die Flamme wird größer und beginnt zu rußen. Deshalb muß der Docht, bis die Lampe ihre Betriebstemperatur erreicht hat, noch einige Male zurückgeschraubt werden.

Rot versank die Sonne hinter der fernen Küste von Alsen, und im Osten kündigte sich dunkelblau die Nachtdämmerung an. Ich nahm die Flaggen weg, zunächst die dänische Gastflagge aus der Steuerbord-Saling, die wir seit dem Erreichen der dänischen Gewässer gesetzt hatten, und dann die Nationalflagge, die bei einem Gaffelschiff auf See in der Gaffelnock gefahren wird. Wir kochten Tee und stellten die Kanne auf das Stövchen an Deck. Ohne Flackern brannte das Teelicht – windstille Dämmerung umgab uns. Schwer fiel der Tau, es wurde Nacht. Ærøs Küste lag als dunkles breites Band vor dem östlichen Horizont. Die Leuchtfeuer Skjoldnæs, Vejsnæs Nakke und Gammel Pøl ergaben eine dreifache Kreuzpeilung. Der Schnittpunkt der drei Peilungen, unser wahrer Ort, lag etwas südlich des Koppelortes: Im Belt herrschte leichter Südstrom. Wir genossen die Stille und redeten leise über das angenehme Zurückweichen von Alltagsproblemen, schon jetzt, nur 20 Seemeilen vom Ausgangshafen entfernt.

Gegen Mitternacht kam beinahe unmerklich ein Hauch aus Ost auf, gerade genug, um die schlaffen Segel zu bewegen. Ich leuchtete mit der Taschenlampe über Bord, um an den Schwebeteilchen auf der Wasseroberfläche unsere Fahrt zu beobachten. Zentimeter für Zentimeter kamen wir voran. Schließlich kräuselte sich sogar eine leichte Bugwelle, so schwach wie von einem Spielzeugboot, das ein Kind langsam hinter sich herzieht. Wir steuerten hoch am Wind auf Ærøs Küste zu, etwa auf den Punkt, wo in der Karte der 40 Meter hohe Hügel von Vindeballe eingezeichnet ist. Ærøs Westküste hat ein sanft ansteigendes, unproblematisches Küstenflach, und man kann sich auf seiner ganzen Länge dicht ans Ufer heranloten. Für Boote von Yachtgröße sind weder Steine noch Sandbänke zu fürchten, wohl aber Stellnetzpfähle, die sich hier wie überall an den dänischen Küsten in langen Reihen in die See hinaus erstrecken, teilweise bis an die 10-Meter-Linie heran. Zwischen diesen Pfählen sind Grundstellnetze ausgespannt. Bundgarnfischerei wird hier betrieben.

Bei Annäherung an die Küste strafften sich unsere Sinne. Leise zirpend lief das Echolot. Herbert saß am Ruder und gab von Zeit zu Zeit mit verhaltener Stimme die Wassertiefe durch. Ich stand auf dem Vorschiff und richtete den Schein der starken Stablampe ins Dunkel. Aber es war sinnlos, auf größere Entfernung etwas anleuchten zu wollen. Die Nacht schien klar und durchsichtig, doch Myriaden kleinster Dunstpartikel reflektierten den Lichtstrahl derart, daß er nach 50 Metern wie im Nebel verschluckt wurde. Ohne Lampe sahen wir mehr: Wir schwammen bereits dicht unter der Küste, und die pechschwarze Wand des Steilufers ragte hoch in den etwas helleren Sternenhimmel.

Wir hatten die 6-Meter-Linie passiert, als ich Backbord voraus im Scheinwerferlicht weiße Punkte aufblinken sah: Möwen saßen schlafend auf Netzpfählen! Herbert drehte den Bug in den Wind. Ich fierte die Ankerkette zwei bis drei Meter aus der Klüse und ließ sie in losem Bogen ins Wasser hängen. Dann warf ich den Anker. Ich hielt die Kette einen Moment lang fest, damit sie sich nicht im Haufen über den Anker legte und steckte langsam mehr, nachdem wir gut über den Anker weggetrieben waren. Als 30 Meter ausgesteckt waren, drehte ich die Spillbremse an.

Die Wassertiefe betrug 5 Meter, und wir hatten das Sechsfache an Kettenlänge draußen – mehr als genug, wenn man bedenkt, daß das Dreifache als Minimum angesehen wird. Meine persönlichen Erfahrungen gehen allerdings dahin, daß ich das Fünffache der Wassertiefe als Kettenlänge nur äußerst ungern unterschreite, denn einen Teil der Haltekraft des Ankergeschirrs macht die Reibung der Kette am Grund aus; außerdem dämpft die Kette mit zunehmender Länge ruckartige Kräfte, die sonst direkt auf den Anker wirken.

Trotz der ruhigen Wetterlage belegte ich aus Gewohnheit ein kurzes Nylonende auf der Kette und am Vorschiffspoller, um bei einer schweren Bö das Spill zu entlasten. In der Zwischenzeit brachte Herbert die Ankerlampe nach vorn und zog sie am Fockstag empor. Am Klüverstag setzten wir den Ankerball als Tagsignal ab Morgengrauen. Um ihn am Drehen zu hindern, ließen wir das Stag zwischen seinen Flügeln hindurchlaufen. Hängt man ihn frei im Wind auf, neigt ein Ankerball dazu, wie eine Windmühle umherzuwirbeln, mal in die eine, mal in die andere Richtung. Das klappert dann sehr schön.

Wir löschten die Positionslampen, tuchten die Segel auf und machten gewohnheitsmäßig alles klar, um jederzeit in Minutenschnelle wieder unter Segel gehen zu können. Als letzte Vorsichtsmaßnahme warfen wir an langer Leine das Lot ins Wasser. Das Ende der Leine band ich am Ende eines

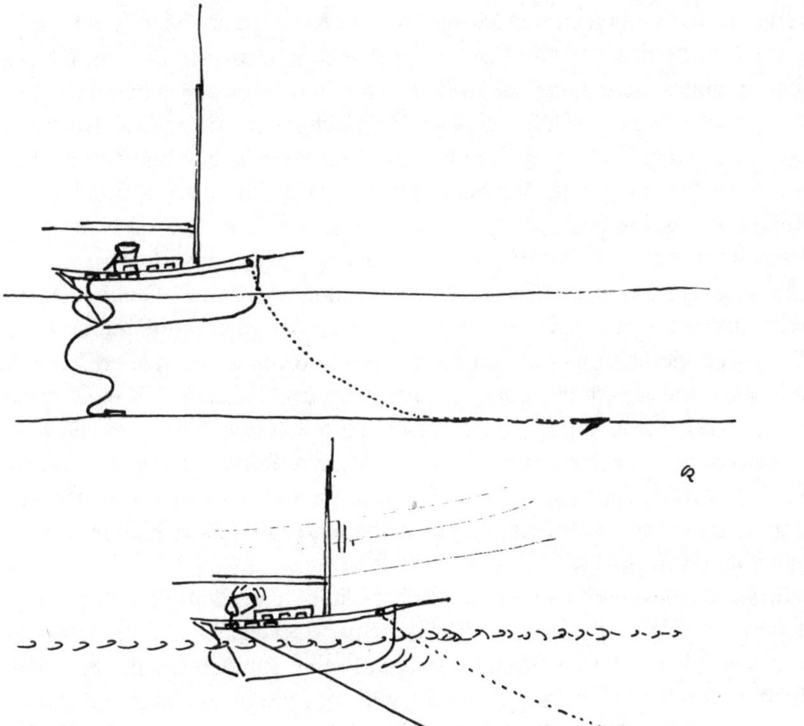

Eimers fest, der auf dem Kajütsdach stand. Warum? Angenommen, das Schiff beginnt aus irgendeinem Grund vor Anker zu treiben! Irgendwann wird sich die Leine zwischen dem Lotblei am Grund und dem Eimer straffen und schließlich den Eimer mit großem Geklapper vom Dach ins Cockpit ziehen. Eine Sekunde später haut sich der Skipper den Schädel an der Kajütsdecke ein, weil er senkrecht in der Koje steht – und das ist die Absicht.

SONNTAG

Als um 5.30 Uhr das helle Morgenlicht durch die Kajütsfenster flutete, hielt es mich nicht mehr in der Koje. Ich schob das Luk zurück und blinzelte in die Sonne, die ihren gleißenden Rand gerade über das schattige Steilufer schob. Wir lagen in vollkommener Flaute auf unbewegter spiegelnder Wasserfläche. 100 Meter nördlich ragte eine lange Reihe Netzpfähle aus dem Wasser. Auf einigen hatten sich zerzaust und mager aussehende schwarze Vögel niedergelassen und wärmten sich mit halbausgebreiteten Schwingen in der Morgensonne: Kormorane. Man kann sie in diesen Gewässern oft beim Fischen beobachten, wenn sie sich ins Wasser stürzen, untertauchen, viel zu große Fischer herunterwürgen und hinterher ihr fettarmes nasses Gefieder wie Vogelscheuchen im Wind trocknen lassen. Ich holte sie mir mit dem Fernglas näher heran und betrachtete ihre hellen Augen, die gebogenen Hälse und die exotischen, vorne herabgebogenen Hakenschnäbel.

Ich warf die Badeleiter über die Seite und sprang ins atemberaubend kalte Wasser. Keuchend kraulte ich eine Runde ums Schiff. Dann wich die Kälte aus den Poren. Ich tauchte, zog mich an der Ankerkette hinab in die Tiefe, grub meine Finger in den Sand und schoß wieder nach oben. Zurück an Deck verpaßte ich mir eine Frischwasserdusche aus dem Kanister und frottierte mich trocken. Mit jeder Faser spürte ich Leben und sog die wärmenden Sonnenstrahlen in mich hinein wie meine gefiederten Nachbarn, die Kormorane. Dann setzte ich Wasser auf zum Rasieren und Kaffeekochen, machte Morgentoilette und anschließend Frühstück: Kaffee, Müsli, Spiegeleier mit Speck.

Inzwischen schälte Herbert sich schlaftrunken aus dem Schlafsack und kletterte aus dem Niedergang. Mit lautem Aufklatscher ließ er sich über die Seite fallen, und während er prustend seine Runden drehte, bräunten die Speckstücke in der Pfanne, zischten die aufgeschlagenen Eier darüber.

Nach genußvollem Frühstück schaltete sich automatisch um 6.40 Uhr der Wetterbericht des Deutschlandfunks ein. Zum Empfang vieler Stationen reicht ein normales Radio vollkommen aus. Alle Wetterberichte sind vorzüglich, doch muß man sich darüber im Klaren sein, daß das lokale Wetter unter Umständen sehr vom allgemeinen Wetterbericht abweichen kann. Gerade hier in der „Dänischen Südsee" mit ihren unterbrochenen Landmassen und verschlungenen Wasserflächen spielen zahlreiche Einflüsse mit, die in ihren vielfältigen Wirkungen keinen Eingang in eine weiträumigere Vorhersage finden können. So gibt es z. B. „Eckeneffekte" und Düsenwirkungen, wenn der Wind an einem Kap vorbei oder zwischen zwei Inseln hindurchweht und ein bis zwei Windstärken zulegt, oder er folgt einer gewundenen Wasserstraße und weht statt aus NW plötzlich aus SW. Oder man läuft – was mir mehrfach widerfahren ist – aus einem normalen Segelwind mitten hinein in ein Flautenloch, weil eine Insel in Luv durch ihre Thermik den Wind „kaputtgemacht" hat. Bekalmt bleibt man liegen, während eine Meile weiter andere mit prallem Tuch ihre Bahn ziehen.

Gerade Windvorhersagen sind mit Vorsicht zu bewerten. So mancher unvorhergesagte Sommersturm bringt einen Nachmittag lang Verwirrung und Kampf, um abends in eine friedliche Damenbrise abzuflauen. Auf unserer Reise sollten wir verschiedene dieser unvorhersehbaren Wetteränderungen erleben. Und doch erfuhren wir täglich, wie wichtig der ständige Kontakt zu den Wetterstationen ist.

An diesem Morgen erlebten wir die Auswirkungen eines Zwischenhochs. Ein Tief war abgezogen, und bevor das nächste heranrückte, hatte sich ein kleines Hoch Platz geschaffen. Die Luftdruckunterschiede waren gering, und der Wind, der vom höheren zum niedrigeren Druck fließen will, wußte nicht wohin. Für heute waren „umlaufende Winde" angesagt, morgen früh sollte SW einsetzen. Nach dem Abwasch entschied sich der Wind für einen Hauch aus SE. Kaum merklich kräuselte er die Wasseroberfläche, und der Rauch der Morgenpfeife ließ die Richtung der Luftbewegung erahnen. Wir hievten Anker und zogen alles in den Mast, was aus Segeltuch war. Langsam krochen wir nach NW, parallel zur Küste. Schlaff hingen die ausgebaumten Segel in den Lieken.

Weit würden wir heute nicht kommen, aber wir wollten wenigstens versuchen, Fåborg zu erreichen. Bevor wir uns zu den einsamen Ankerplätzen der dänischen Inselwelt aufmachten, brauchte ich eine neue Seekarte der Gewässer nördlich von Fünen. Karten kaufe ich gerne in Dänemark. Sie sind preiswerter und oft detaillierter, besonders, was die Tiefenlinien im Flachwasserbereich betrifft, auf die es mir als Ankerfreak ankommt.

Hinter Vorbjerg endlich, wo die Kabelbaken und die Windmühle am Ufer stehen und Ærøs Küstenlinie in geschwungener Linie zurückweicht, um bei Kap Skjoldnæs zu enden, bekamen wir mehr Wind. Er drehte auf Ost und wehte gerade genug, um die Falten aus den Segeln zu ziehen. Nun ging es spürbar voran, und das Kielwasser begann, leise zu gurgeln und zu flüstern. Anderthalb Knoten loggten wir mit Relingslogge.

Für die geneigten Leser, die durch ihr Sumlog ständig mit genauer Anzeige der Fahrt durchs Wasser und der zurückgelegten Seemeile verwöhnt werden, hier nochmals der Hinweis, wie das fast vergessene Relingslog funktioniert. Immerhin ist nicht auszuschließen, daß die gepriesene Bordtechnik plötzlich ausfällt und die Frage nach der Geschwindigkeit auftaucht. Wie war das also mit dem Relingslog?

Eine abgemessene Strecke an der Reling in Metern, mal Zwei, geteilt durch die Anzahl der Sekunden, die ein über Bord geworfener Gegenstand braucht, um diese Strecke zu durchlaufen, entspricht der Anzahl der Knoten in Fahrt.

z.B. $$\frac{5\,\text{m} \cdot 2}{6{,}5\,\text{sek}} = 1.54\ \text{Knoten}$$

Die anderthalb Knoten blieben bis zum Abend unser Rekord. Doch das störte uns nicht. Wir vertrieben uns die Zeit erfolgreich mit Angeln. Die Gründe, über die wir gerade hinwegsegelten, sind immer für ein paar Dorsche gut. Ich holte den Karton mit Angelzeug an Deck, und wir be-

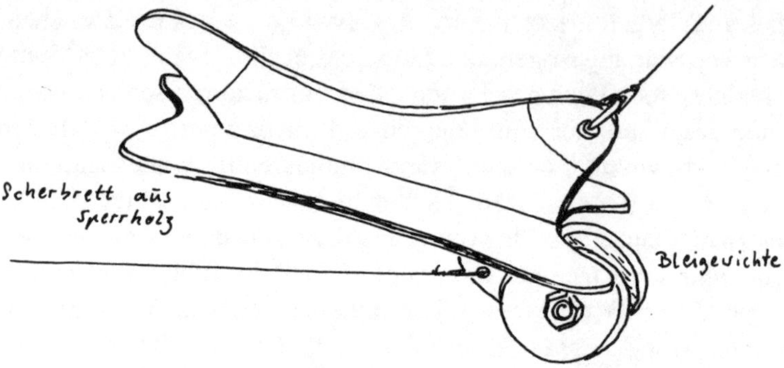

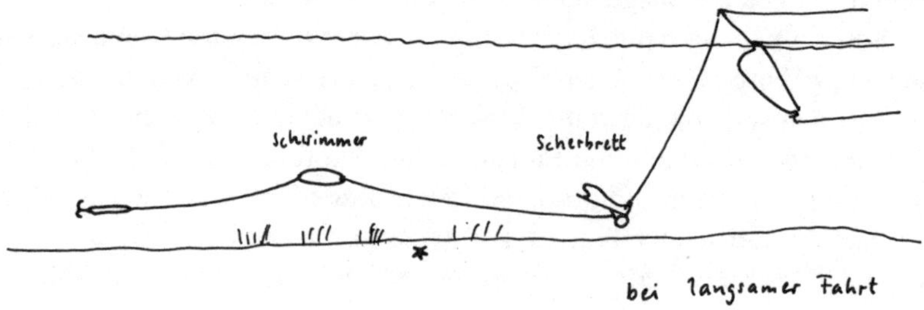

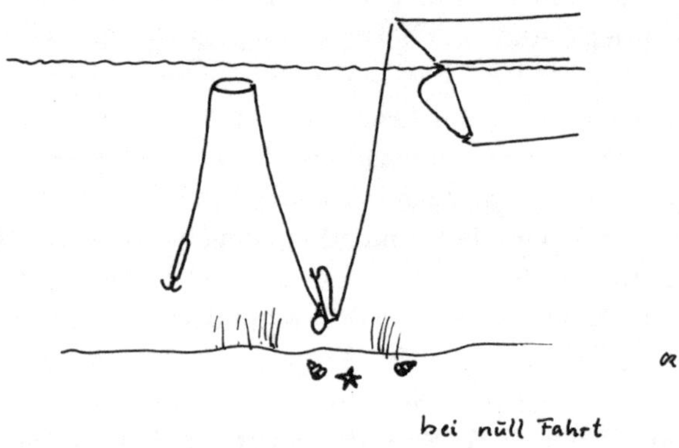

gannen zu improvisieren. Anstatt teures fabrikgefertigtes Angelgerät zu kaufen, fröne ich lieber meiner Bastelleidenschaft. So entstehen aus Aluminiumlöffeln, Bleikugeln, Stanniolpapier und Wirbelösen kunstvoll-abstrakte Köder und aus Sperrholz und Bleiblech kleine Scherbretter, um sie auf die nötige Tiefe zu bekommen.

Das alles hatte ich noch von den letzten Angelaktivitäten an Bord, und nur das eine oder andere Teil mußte etwas geradegebogen werden. Wir brachten das Angelgeschirr aus, und kurz darauf zeigte die Schnur straff in die Tiefe und folgte langsam den pendelartigen Ausschlägen des hin- und herwandernden Scherbrettes.

Es gibt eine einfache Methode, Fischgründe herauszufinden: Halte Ausschau nach Fischerbooten und Angelkuttern und trage in die Karte ein, wo du sie arbeiten siehst.

Der Dorsch ist Seglers Standardfisch und beißt während der ganzen Saison. In der Paarungszeit von Februar bis April fressen die Dorsche wenig. Sie haben dann anderes im Sinn. Dafür stürzen sie sich in den Monaten danach, bis in den Sommer hinein, in rasender Freßgier auf alles, was unter Wasser schwimmt und kriecht und nur etwas kleiner ist als sie. Der Dorsch liebt Temperaturen um die 10 Grad und leicht strömendes Wasser. Auf etwa 10 Meter Tiefe steht er gerne, aber auch auf Untiefen, wenn das Wasser im Sommer nicht zu warm wird.

Alte Dorsche erreichen über 20 Kilo, aber Exemplare, die viel schwerer als 3 Kilo sind, sollte man wieder schwimmen lassen. Sie sind alt und haben sich voller Gifte und Schwermetalle gefressen. Ein junger zweijähriger Fisch von 1,5 bis 2 Kilo hingegen enthält nicht mehr Gift als ein Kopf Salat vom Gemüsehändler. Außerdem schmeckt er besser.

Petri war uns gnädig, und wir hatten dann auch zwischen Lyø und Avernakø drei Bisse in kurzer Folge. Glück spielte eine Rolle, und es lag auch daran, daß wir uns mit der langsamen Fahrt lange genug über den ergiebigen Gründen aufhielten. Nachdem wir den dritten Dorsch herausgezogen hatten, überkam uns das Jagdfieber. Dennoch packten wir das Angelgerät wieder ein. Die Beute reichte für ein opulentes Abendbrot, und das genügte. Beim Schlachten und Filettieren unterhielten wir uns voller Vorfreude über die beste Zubereitungsmethode. Zuletzt entschieden wir uns für gebratenen Dorsch mit provenzalischen Kräutern auf Toast. Seit dem Frühstück hatten wir außer Tee und den letzten englischen Bisquits nichts mehr zu uns genommen. Der Hunger nagte, und beim Anblick der appetitlichen Fischfilets strömte uns das Wasser im Mund zusammen. Also direkten Kurs auf die nächste Küste nehmen, ankern und Essen kochen!

Halbinsel Knolden lag nahe bei. Ich hielt vierkant darauf zu, als Herbert achteraus zeigte: „Wind kommt auf...“ Und wirklich – der Horizont hinter uns hatte sich von stumpfem Blaugrau in tiefes Dunkelblau verfärbt. Wind kräuselte dort das Wasser. Deutlich sahen wir den dunklen Streifen breiter werden und näherrücken. Es wurde Zeit, den Flieger wegzunehmen, um keine Überraschung zu erleben, denn dieses größte unserer drei Vorsegel kommt beim Wenden nur umständlich über Stag. Es konnte uns beim Manövrieren in den Durchfahrten zwischen den Untiefen südlich Fåborgs behindern. Diese mußten wir mit den großen Fähren teilen, die Fåborg anlaufen und immer irgendwo unterwegs sind.

Der Windstreifen war näher herangerückt, und durchs Glas sahen wir, wie die Segelboote hinter uns schon von ihm erfaßt wurden. Ein Boot nach dem anderen halste und brachte die Segel auf die andere Seite. Die meisten fuhren Spinnaker, und überall turnten kleine Figuren auf den Vorschiffen herum, um die Spinnaker zu schiften. Der Wind schlug um auf SW. Man sah, wie die Boote Fahrt aufnahmen und plötzlich kleine schaumige Bugwellen entwickelten. Wir hörten die kleinen Windwellen plätschern und raunen, ehe der Wind auch uns erreichte. Der Wind schlug von der anderen Seite ins Groß, der Baum fegte über unsere Köpfe hinweg, und ich fierte die gesamte Schot hinterher. Eben noch lagen wir bei schwachem Ost hoch am Wind, jetzt wehte eine frische SW-Brise genau von achtern. Groß und Topsegel standen an Steuerbord, Fock und Klüver an Backbord, so zogen wir mit 5 Knoten dahin. Das Kielwasser gluckste, und vorn rauschte die Bugwelle – endlich!

Zwischen den vielen Untiefen- und Fahrwassertonnen, die die verschiedenen Ansteuerungen nach Fåborg markieren, hielten wir hindurch auf die Enge zwischen Dyreborg Skov und der Insel Bjørnø zu. Dort geht es in den weiten Fåborg Fjord, und in der Ferne sahen wir schon den großen gelben Kirchturm über der Stadt. Das Fahrwasser in der Enge ist schmal und tief, und manchmal steht Strom – man kann es am Kielwasser der Tonnen vor der Einfahrt erkennen. Doch heute war Stillwasser. Kurz darauf waren wir hindurch, und vor uns weitete sich der Fjord als große geschützte Bucht. Voraus erhoben sich die Dächer und Türme Fåborgs. Gerade lief die Gelting-Fähre aus und verdeckte mit ihrem mächtigen roten Rumpf die halbe Stadt. Nachdem wir die Einfahrt zum Fjord passiert hatten, konnte sie uns aber nicht mehr zu nahe kommen. Wir steuerten quer über die Bucht auf den Hafen zu, während sie sich wegen ihres großen Tiefganges an das winkelige Fahrwasser halten mußte.

In unserem Kielwasser segelte eine ganze Flotte von Booten. Alle paar Kabellängen kam eines durch die Enge. In solcher Situation entbrennt der Run auf die letzten Liegeplätze. Doch ohne uns! Gelassen bereiteten wir unser Hafenmanöver vor. Ich stieg hinunter in den Kartenraum. Dort klappte ich die Abdeckung des Motors zur Seite und öffnete das Kühlwasserventil. Ich wickelte die Anreißleine um die Schwungscheibe und warf den Motor an. Der Zweitakter kam sofort und tuckerte im Leerlauf vor sich hin. – Bei jeder Gelegenheit starte ich den Motor mit der Hand, so schone ich die Batterie, bleibe in der Methode geübt und entwickle eine größere Vertrautheit mit dem Motor. –

Wir legten Fender und Festmacher bereit, und Herbert schoß die lange Wurfleine auf, die bei jedem Einlaufen klarliegt. Es frischte merklich auf. Schnell näherten wir uns dem Hafen. Ein Wald von Segelbootsmasten wuchs aus dem Handelshafen, und vor der Einfahrt ankerten zwei große Oldtimer-Segler. Ich barg das Topsegel, stopfte es in das Dingi und fierte gleich das Großsegel hinterher. Beim Segel-bergen brauchten wir uns nicht aufzuhalten, denn ein Gaffelsegel kommt auf allen Kursen zum Wind problemlos herunter. Man fiert einfach Piekfall und Klaufall, und das

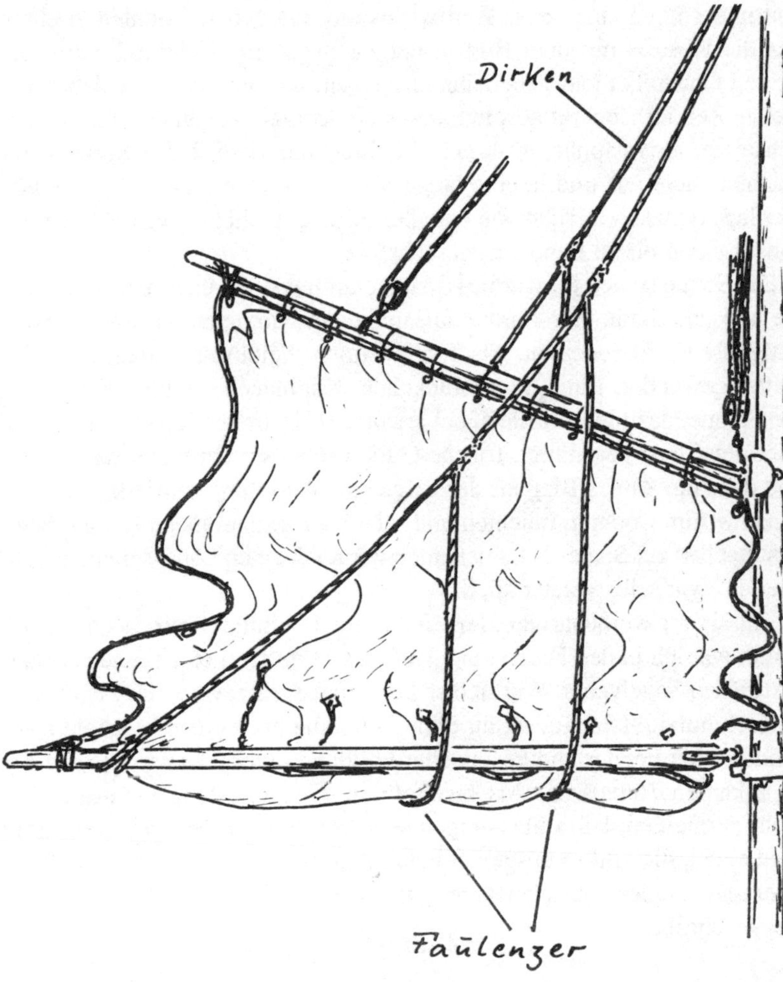

Segel fällt wie eine Bühnenkulisse herab und tucht sich von selbst in den Faulenzern auf. Fock und Klüver fielen hinterher, sanken sekundenschnell, von ihren schweren Stagreitern gezogen, in sich zusammen. Herbert kuppelte den Motor ein, und ich setzte am Heck die Stockflagge.

Vom Wind geschoben, motorten wir langsam durch die Einfahrt. Der ganze Hafen lag, wie üblich am Wochenende, pickepacke voll. Wir drehten eine kleine Runde und überlegten. Irgendwo mußten wir uns mit ins Päckchen legen. Gleich backbord hinter die Einfahrt hatte sich ein großer alter Schoner an die Innenseite des Molenkopfes gelegt. Sein ausladendes Klüvergeschirr ragte bis an den Rand der Einfahrt. Da der Wind genau in den Hafen blies, war hier der ruhigste Liegeplatz – im Schutz der Mole.

Längsseits des Schoners lag schon eine kleine Ketsch. Es war niemand an Bord, den wir hätten fragen können, und so nahmen wir uns die Freiheit und gingen längsseits. Weil wir es uns aussuchen konnten, drehten wir die FIRECREST mit dem Bug in entgegengesetzte Richtung, damit die beiden Cockpits nicht nebeneinander lagen. Da sich das Hafenleben die meiste Zeit im Cockpit abspielt, läßt sich dadurch, so gut es geht, die gegenseitige Privatsphäre wahren. Wir brachten zwei kurze Springs zur Nachbaryacht aus und je eine lange Vor- und Achterleine zum Schoner. Der lag so massiv vertäut wie eine Dorfkirche. Üblicherweise hätten wir sonst Leinen bis an Land ausgebracht.

Die Sonne schien ihr warmes Spätnachmittagslicht über den Hafen und die hübsche Stadt. Wir klarten auf, und dann widmeten wir uns halbverhungert dem Abendessen. Als Toast wurden Weißbrotscheiben in heißer Butter gewendet. Dann Speckstückchen, Knoblauch, Öl und Kräuter in die Pfanne, dazu Dorschfilets, bei leichter Hitze braten lassen, das Ganze über den Toast geschüttet, frische Gurkenscheiben darübergeschnitten – und dazu ein kühles Bier aus der Bilge . . . Wunschlos, zufrieden und satt saßen wir im Cockpit, rauchten und sahen den einlaufenden Booten beim Festmachen zu. Später bekamen auch wir noch einen Längsseitslieger ab, aber das war selbstverständlich.

Ein älterer weißhaariger Herr hatte mich einmal sehr beeindruckt. Kaum war ich in den Hafen eingelaufen, winkte er mich längsseits seiner luxuriösen Segelyacht. Wie sich später herausstellte, war die Pier ziemlich schmutzig. Ich hätte an ihr ohne Probleme noch einen Liegeplatz gefunden, aber Fender und Festmacher völlig verdreckt. Das wollte mir der Segelkamerad ersparen. Als zweifelhafte Gegenleistung konnte ich es nicht vermeiden, beim übersteigen sein Vorschiff zu beschmutzen, trotz der Feudel, die er dort ausgelegt hatte. Auf meine Entschuldigung hatte er ein lächelndes Achselzucken: „Das wird nach dem Auslaufen wieder weggeschrubbt."

In Fåborg dreht der Hafenmeister morgens und abends mit weißer Mütze, Hund und Fahrrad seine Runde und kassiert. Ich sah ihn kommen und ging ihm entgegen. „Hallo, Captain . . ." Wir kannten uns, denn eine Saison lang war ich fast jede Woche in Fåborg gewesen. Der Hafenmeister gab mir eine Quittung und Aufkleber, und damit waren für uns die Einreiseformalitäten nach Dänemark erledigt.

Wir machten uns landfein und gingen auf Abendbummel. Fåborg ist eine lebendige Hafenstadt mit allem, was dazugehört, aber sie ist überschaubar, und ich habe den Eindruck, daß hier noch der Mensch als das Maß der Dinge gilt. Es gibt Frachter und Fähren, Fischkutter und Yachten, ein Kühlhaus für angelandete Fische, Getreidesilos, Massenguthalden, einen Spielplatz am Hafen für Kinder, eine Marinestation der Heimatverteidigung mit einem alten Schnellboot, eine Marina, Bootswerften, ein Schlachthaus, Schiffsausrüster und eine nette Hafenkneipe. Direkt am

Hafen beginnt die Stadt mit ihren hübschen alten Häusern. So wie Fåborg habe ich mir als Kind immer einen richtigen Hafen vorgestellt, mit all dem Leben und Treiben und den romantischen Ecken, die dazugehören.

Rechtzeitig zum Wetterbericht um 21.40 Uhr waren wir wieder an Bord. Während der Sprecher von Kiel Radio die Wetterlage durchgab, lehnte ich über dem Kartentisch und trug seine Angaben auf meiner selbstgezeichneten Karte ein. Ich habe mir von dieser Karte 10 Fotokopien angefertigt und mit transparenter Folie überklebt. An der Seite gelocht und zusammengeheftet sind die Blätter wie ein Spiralblock aufklappbar. So kann ich mit Kopierstift chronologisch die Wetterlagen und -vorhersagen mitschreiben und sehe später beim Durchblättern die Wetterentwicklung der letzten Tage wie im Zeitraffer. Den ältesten Wetterbericht wische ich mit einem feuchten Tuch ab und habe Platz für den neuesten.

Das Tief, von dem heute morgen die Rede war, stand über der Nordsee und würde morgen nördlich von uns vorbeiziehen, dicht gefolgt von dem nächsten, so daß wir in den kommenden Tagen mit frischen Westwinden rechnen konnten. Der SW spielte mit den Flaggen und Fallen, und eine dünne Wolkenschicht verschleierte die Abendsonne, – die deutlichen Vorboten einer Warmfront. Sei's drum – die Wetterprognose unterstützte unsere Reisepläne: Rund Fünen!

Während vor meiner inneren Netzhaut Tiefs und Hochs umeinanderwirbelten, spielte sich im Hafen ein anderes Schauspiel ab: Ein alter dänischer Minensucher mit sonnensegelüberdeckter offener Kommandobrücke und blinkenden Messingbeschlägen war eingelaufen und bei der Marinestation an die Pier gegangen. Offiziere und Mannschaftsdienstgrade nahmen auf der Brücke und an Deck bei den Flaggen Aufstellung. Die Uhr zeigte 21.42 – exakte Zeit des Sonnenunterganges – Flaggenparade!

Wenn ein Kriegsschiff im Hafen Flaggenparade abhält, bedeutet das nach den internationalen Spielregeln für alle Handelsschiffe, also auch für Yachten, seinem Beispiel zu folgen. Herbert bezog Posten unter der Steuerbord-Saling, und auf den Kommandopfiff des dänischen Kommandanten holte er gleichzeitig mit dem Mann am Heck des Minensuchers die dänische Flagge nieder. Dann ging er nach achtern und zog würdevoll die Deutschlandflagge ein.

Ich bin ein Freund solcher Traditionen. Ich finde, es zeugt von einem gesunden Selbstbewußtsein und hat nichts mit geiferndem Nationalismus zu tun, wenn man die Symbole des eigenen Landes ehrt, ebenso wie man die der anderen Länder achtet. Wir Deutsche tun uns da zuweilen etwas schwer. Die Bürger anderer Nationen haben zu diesen Dingen oft ein viel natürlicheres Verhältnis, einerlei welcher politischen Couleur sie angehören.

Nach dem Wetterbericht setzten wir nochmal Heißwasser auf und machten Tee. Die Schatten wurden schwärzer, und die Bogenlampen flakkerten auf. In Pullovern gegen die Abendkühle geschützt, saßen wir noch lange im Cockpit. Wir gingen zu Bier über und schauten über das Hafenbecken auf das Reklameschild der Kneipe. Aber wir konnten uns nicht aufraffen. Wir waren so angenehm müde.

Langer Schlag nach Norden

Fåborg – Fænø

Topsegel klemmt

Relaxen in Fænøsund

MONTAG

Am nächsten Morgen war der Himmel grau und verhangen, und der SW wehte mit 3–4 immer noch direkt in die Hafeneinfahrt. Es war früh, und wir waren noch die einzigen in den Waschräumen.

Vom Hafen aus folgten wir dann dem großen Schild „Bageri“, vorbei am Laden des Pfeifenmachers, in dessen Schaufenster Herbert sehnsüchtige Blicke warf, aber die Werkstatt hatte heute geschlossen. Wir durchquerten einen malerischen Wohnhof und traten durch ein Tor auf eine schmale Gasse. Gleich gegenüber lag der Bäcker. Wir kauften Meterbrot, Kranzkuchen mit Marzipanfüllung, richtige Schlagsahne für den Kaffee und zwei Tüten Fruchtjoghurt, wie es ihn nirgends köstlicher als in Dänemark gibt. Im Kühlfach des Bäckers entdeckte ich eingelegte Heringe verschiedenster Art. Auch von dieser Spezialität ließen wir uns einen Topf einpacken.

Als Frühstück veranstalteten wir ein englisches „Brunch“, eine Mischung aus Breakfast und Lunch: Eier mit Speck auf Käsetoast, Fischmarinaden mit frischem Weißbrot, Kaffee mit Sahne, Müsli-Porridge, Toast mit Ingwermarmelade, Tomatensaft – kurz alles, was wir hatten . . . Wir sammelten Kraft und Kalorien für einen langen sportlichen Segeltag, denn das war es, was das Wetter versprach.

Nach dem Frühstück ging ich Seekarten kaufen und nahm den Müll mit. Herbert bunkerte inzwischen Wasser und machte seeklar. Als wir ablegten, war es beinahe 10 Uhr. Wir starteten den Motor, warfen los und drehten kurz darauf durch die Hafeneinfahrt nach draußen. Sobald wir etwas Luv von der Hafenmole gewonnen hatten, setzte Herbert Segel. Bald lief Firecrest „voll und bei", und der Motor schwieg.

Auch andere Yachten liefen aus. In der Bucht sammelte sich eine Gruppe britischer Segelyachten. Sie gehörten dem „BKYC" an, dem „British Kiel Yacht Club". Den ganzen Sommer hindurch regattierten sie in den Gewässern um Fünen. Ihr Zielschiff und Regattabegleitboot lag in der Mitte des Fåborg Fjords vor Anker. Man traf Startvorbereitungen. Als wir die Briten passierten, winkten sie uns freundlich zu.

Hoch am Wind näherten wir uns der Einfahrt im Südwesten der Bucht. Unter Großsegel, Topsegel, Fock und Klüver passierten wir in kurzen Kreuzschlägen die schmale Rinne. Wir waren so konzentriert auf unsere Manöver, daß wir erst sehr spät die große Gelting-Fähre bemerkten, die hinter uns aufkam. Um ihr nicht vor den Bug zu laufen, brach ich den letzten Kreuzschlag ab und legte die Firecrest so hoch an den Wind, daß sie mit killenden Segeln nur noch minimale Fahrt machte, gerade genug, um Ruder im Schiff zu behalten. So ließen wir die Fähre passieren. Hoch ragte ihr gewaltiger roter Rumpf, und aus der Höhe schauten kleine Passagiere auf uns nieder und winkten. Ich wirbelte das Rad nach Lee, mit letzter Ruderwirkung fiel Firecrest ab, nahm Fahrt auf und kreuzte das aufgewühlte, schäumende Kielwasser.

Als wollte uns der junge Tag eine Lektion über Fährbetrieb erteilen, passierte uns eine Viertelstunde später in der Bucht von Dyreborg die hohl blechern dieselnde, altertümliche Lyø-Avernakø-Fähre, und kurz darauf zeigte sich ein dicker roter Punkt unter der fernen Küste Ærøs, der immer größer wurde. Er wuchs zur riesenpantoffelähnlichen Søby-Fähre, die auf dem Weg nach Fåborg nahe an uns vorbeirauschte. Dichter Fährverkehr ist etwas, womit man in einem Inselreich rechnen muß.

Endlich schafften wir den Schlag um die Halbinsel Knolden. Der Wind hatte auf gut 4 aus SW zugelegt, und wir schoben mit viel Lage an Lyø und seiner langen Sandbank Lyø Rev vorbei. Sobald wir aus dem Leeschutz der Insel Lyø herauskamen, nahm uns der Seegang mit wiegenden Armen in den Griff. Langgestreckt, mit kleinen weißen Schaumköpfen, wehte er von Alsen herüber.

Bevor wir auf unserem Weg um Fünen weiter nach Norden segeln konnten, mußten wir uns erst von Hornenæs freikreuzen und an Lyø vorbei einen Schlag nach Süden machen. Als wir genug Luvraum gewonnen hatten, schrickten wir die Schoten und rauschten mit halbem Wind Kurs Nordwest. Der günstige Wind reizte uns, raumschots noch mehr Tuch zu setzen. Ich machte mir auf dem Vorschiff zu schaffen, kletterte auf dem Klüverbaum herum und schlug den kleinen Flieger an. Bald stand er prall in den Lieken. Alle Segel waren gesetzt, wir liefen mit Vollzeug unsere Rumpfgeschwindigkeit, 6 Knoten, die Bugsee zischte am leeseitigen Schanzkleid entlang, die Hecksee rauschte und brodelte, und der Rumpf brummte wie eine tiefe Stimmgabel. Gegen 13 Uhr hatten wir die Untiefen der Alsensteine quer an Backbord, und voraus lag Lillegrund. Bei niedrigem Wasserstand gucken die Untiefen aus der See, und weiße Brandung steht darüber. Vorsicht, besonders bei Nacht! Auch die Tonnen selbst sind nachts gefährliche Hindernisse: sie sind unbeleuchtet!

Ich erinnere mich an eine denkwürdige Nachtfahrt. Wir kreuzten in der Bucht von Sonderburg, und plötzlich huschte in 20 Meter Entfernung eine dunkle Masse vorbei. Im Licht der Stablampe erkannten wir eine Süd-Untiefentonne. Verwirrt schaute ich auf die Karte und sah erst bei eindringlicher Prüfung, daß die Tonne tatsächlich in der Nähe unserer Position eingezeichnet war, und zwar genau dort, wo die Karte hundertmal geknickt und vom langen Gebrauch löschpapierartig zerfasert war. Es war nicht mein Schiff, es war nicht meine Karte, und das Revier war mir noch nicht vertraut, dennoch: Ich war verantwortlich, ich war der Kapitän. Seitdem untersuche ich fremde Karten immer besonders deutlich an den Knickstellen. Wir hätten uns schwer beschädigen können. Man baut Tonnen nicht aus Pappe. Man baut sie so massiv, daß sie auch dann noch schwimmen, wenn sich wieder jemand aus Leichtfertigkeit an ihnen zuschanden gefahren hat.

Auf unserem Weg nach Norden wollten wir durch den Årøsund am westlichen Ufer des Kleinen Beltes. Die niedrige Insel Årø war bereits in Sicht gekommen, und langsam gerieten wir in den Leeschutz des dänischen Festlandes. Im Laufe der letzten Stunde hatte der Wind auf WSW gedreht. Bei Annäherung eines Tiefs aus Westen zieht das Zentrum in den meisten Fällen nördlich Dänemarks vorbei. Dann dreht der Wind rechtherum. Also hielten wir auf die westliche Seite des Beltes zu, um bei weiterer Winddrehung auf Nordwest genügend Leeraum zum Abfallen zu haben.

Vor uns lag der malerische Årøsund. Idyllisch liegen sich hier die kleinen Häfen Årø und Årøsund gegenüber, mit ihren kleinen Leuchttürmen, Fischerkaten, der alten Fähre und hübschen Häusern unter grünen Bäumen. Darüber spannte sich ein niedriger, mit grauen Wolken überzogener Himmel. Das Barometer fiel ziemlich schnell, ein Millibar pro Stunde.

Ich besitze keinen Barographen, aber ich habe mir angewöhnt, die Werte auf einem Barographenstreifen mitzuschreiben. Seit Mittag begann die Kurve, immer steiler zu fallen. „Viel Wind" war die angemessene Prognose. Mit raumem Wind und hoher Fahrt flogen wir zwischen den nahen

Ufern hindurch. Wir benutzten die ruhige Sundpassage ohne Wellengang zum Kaffeekochen. Als sich der Sund vor uns wieder weitete und die kleine Insel Linderum langsam an Steuerbord vorbeizog, saßen wir bei Kaffee mit richtiger Sahne und Kranzkuchen im Cockpit und genossen das Leben.

Am späten Nachmittag hatten wir die Insel Brandsø an Steuerbord, und wir holten die Schoten dichter, um einen Blick in die Hejlsminde Bucht zu werfen. Bei sicherer Westwindlage kann man hier und in der nördlich gelegenen Mosvig Bucht geschützt vor Anker liegen. Mit zwei Kreuzschlägen erkundeten wir das Innere der Bucht: ein bißchen Dänemark mit ein paar Häusern zwischen Bäumen, davor Flaggenmasten, Strand, Sandbänke und ein paar Fischerboote.

Doch unser Tag war noch nicht zu Ende. Wir drehten ab und nahmen wieder Kurs aufs offene Wasser. Jetzt segelten wir „Backstagsbrise", die so heißt, weil der Wind über das Luvbackstag ins Großsegel fällt. Wir spürten deutlich, wie der Wind mehr und mehr zunahm. Den Wellen wuchsen Schaumköpfe, und die Arbeit am Ruder erforderte Konzentration, weil das Schiff zu gieren begann.

Heute empfand ich wieder die beruhigende Wirkung des Gaffelriggs auf mein sorgenvoll vorausschauendes Gemüt. Jederzeit wenn die Situation es erforderte, konnten wir das Großsegel bergen, ohne einen Strich Kurs ändern zu müssen. Das war jetzt noch nicht nötig. Dennoch – wir trugen zuviel Tuch. Der schmale, scharfe Vorsteven schnitt manchmal bereits tief in die Rückseite der durchlaufenden Seen. Wir mußten den Masttop entlasten, um den Hebel zu verringern, der das Schiff nach vorne kippte. Ich turnte nach vorn und barg den Flieger, stopfte ihn in den Segelsack und warf ihn erstmal ins offene Dingi auf dem Kajütsdach. Dann wollte ich das Topsegel bergen. Ich fierte Fall und Schot, aber sosehr ich auch am Niederholer zerrte, das Segel rührte sich nicht.

Ich fühlte am Niederholer einen harten Widerstand und blickte durch das Gewirr der Fallen nach oben. Das hatte gerade noch gefehlt! Der Karabinerhaken, mit dem das Topsegel auf dem Jackstag auf- und niederglitt, hatte sich über einen Schraubbolzen am Stengebeschlag geklemmt – ich mußte rauf!

Ärgerlich über mich selbst, warf ich meine Jacke ab, um mehr Bewegungsfreiheit zu haben. Wenn ich schon Segel so lange stehenließ, sollte ich mich doch vergewissern, daß sie jederzeit klar zum Bergen waren! So wie es aussah, hatte sich der Haken schon vor geraumer Zeit verklemmt!

Ich schärfte Herbert ein, ja genau Kurs zu halten – bei einer Patenthalse unter diesen Bedingungen konnte ich wie eine Fliege aus dem Mast geschnippt werden. Dann kletterte ich hinauf. Hand über Hand zog ich mich an den Fallen empor und trat mit den Füßen in die Reihleine des Großsegels. Oben mußte ich um die Saling herumklettern und ein paarmal hastig umgreifen, um den Halt nicht zu verlieren. Schließlich stand ich mit den Füßen fest auf der Saling, umklammerte mit einer Hand die Topstange und machte mit der anderen den Haken los. Ich mußte etwas erfinden, damit das nicht wieder vorkam! Und mir fiel sofort die Lösung ein: ich würde den großen Schnapphaken gegen einen normalen Stagreiter mit Federzug tauschen, der sich nicht von selbst öffnen und über andere Gegenstände haken konnte.

Einen Moment lang verschnaufte ich. Ich hielt mich gut fest und hatte einen sicheren Stand. Daß der Mast mit mir in weiten Ausschlägen hin und herpendelte, spürte ich kaum. Vielmehr war es mir, als stünde ich relativ ruhig und nur die Yacht führe unter mir tolle Kurven und Kapriolen. Es war ein Gefühl, das ich auch von Mastarbeiten während meiner Matrosenzeit kannte. Faszinierend, die schäumende Bugwelle und die gespannten Segel von hier oben zu betrachten und die große Kraft zu fühlen, die das Schiff vorantrieb!

„Alles in Ordnung?!“ Herberts Ruf weckte mich aus meinen Betrachtungen. Ich winkte herunter und machte mich an den Abstieg. Als ich das Topsegel an Deck gefiert hatte, schnitt der Bug sichtbar durchs Wasser. Obwohl wir die Segelfläche um ein Drittel gekürzt hatten, liefen wir immer noch Rumpfgeschwindigkeit. Je weiter wir in die Bredningen Bucht hinausliefen, desto höher bauten sich die Seen um uns auf. In der Ferne voraus waren die Pilone der Autobahnbrücke von Middelfart in Sicht.

Etwa eine Stunde nach Verlassen der Hejlsminde Bucht standen wir über der Untiefe von Flakøjet vor dem Eingang zur Beltenge. Kurze, steile Grundseen schienen unschlüssig, ob sie übers Heck an Deck steigen sollten, aber alles in allem war die Situation noch sehr handig.

Ich versuchte, die Osttonne von Flakøjet durchs Glas genauer zu betrachten, um auf den Strom in der Beltenge zu schließen. Aber sie war zu weit entfernt und meist von den Wellen verdeckt. Doch bald darauf erreichten wir die grüne Fahrwassertonne in der Nähe von Stenderup Hage. Sie liegt dicht an der Einfahrt zur Enge, und bei ihr sahen wir deutlich Kielwasser und Stromwirbel: Es setzte leichter Nordstrom, nicht viel. Wenn der Wind bald weiter auf West oder NW drehen würde, würde der Strom kentern und mit großer Kraft nach Süden fließen.

Es ist eine gute Methode, um sich frühzeitig über den Strom in der Enge zu informieren, wenn man die beiden Tonnen dicht passiert und nach ihrem Kielwasser Ausschau hält. Ich habe hier schon öfter so starken Südstrom erlebt, daß selbst die so weit draußen gelegene Flakøjet-Tonne im Strom hin und herschwang und ein langes gurgelndes Kielwasser nachschleppte.

Nachdem wir die grüne Tonne passiert hatten, gerieten wir in den Schutz des Westufers, und der Seegang ließ nach, doch der Wind pfiff im Rigg und peitschte uns weiter voran. Er hatte jetzt 6 Beaufort erreicht und war dabei, sie zu überschreiten. Wir steuerten zwischen Fænø und Fønsskov hindurch in den Fænøsund und liefen platt vor dem Wind.

Eine Halse mit ausgerefftem Groß wollte ich vermeiden. Jetzt durfte das Gaffelsegel wieder einen seiner Trümpfe ausspielen: Herbert holte achtern die Großschot etwas dichter, und ich fierte Piek- und Klaufall. Mit etwas Zug am Vorliek rutschte das ganze Segel von selbst in sich zusammen und wurde von seinen Faulenzern aufgefangen. Jetzt brauchte Herbert den Baum nur noch binnenbords zu holen, und die Arbeit war erledigt. Das Großsegel war vor dem Wind geborgen. Leicht rollend segelten wir unter den beiden Vorsegeln weiter.

An Steuerbord öffnete sich weit und tief der Gamborg Fjord. Von der Halbinsel Fønsskov aus ragt ein langes Unterwasserriff in den Sund, das Fønsskov Rev. Als wir es gut passiert hatten, fuhren wir eine Halse, gingen an den Wind und segelten in den Gamborg Fjord hinein. Nur unter Fock und Klüver segelten wir in berechenbarer Manöverfahrt auf das geschützte Ostufer von Fønsskov zu.

Gleich hier an der Nordspitze liegt ein Wäldchen, in dessen Schutz ich oft geankert habe. Der Grund steigt langsam an, und man kann sich problemlos an das Ufer heranloten, so nahe man will. Während ich vorn den Anker klarmachte, sang Herbert die Tiefen aus; vom Ruder konnte er bequem die Echolotanzeige im Kartenraum verfolgen.

Vier Meter – das genügte! Wir waren schon dicht am Ufer und hörten die Baumwipfel rauschen. Herbert drehte das Rad, und die Yacht schwang in den Wind. Ich ließ die Segel fallen und fierte ein paar Meter Kette aus der Klüse, so daß sie in einer Bucht bis ins Wasser hing, hob den Anker aus seiner Halterung an der Bordwand, und als wir begannen, über den Achtersteven zurückzutreiben, warf ich ihn über Bord. Nachdem er rasselnd einige Meter Kette hinter sich hergezogen hatte, stoppte ich das Spill. Die Kette kam tight, und unten am Grund gruben sich die Ankerflunken in den Schlick. Dann steckte ich noch 30 Meter Kette als reichliche Sicherheitsreserve.

Beim Aufklaren ließen wir uns Zeit. Ich zeigte Herbert, wie man mit Hilfe des Landlotes die Bodenbeschaffenheit prüft: Im Boden des Lotbleis befindet sich eine runde Vertiefung. Man schmiert etwas Butter hinein und fiert das Lot auf Grund. Dann läßt man das Gewicht ein paarmal aufstoßen, wobei man, mit etwas Fingerspitzengefühl, an der Leine erkennen kann, ob es sich um weichen Modder, festen Kies oder elastischen Sandgrund handelt oder ob vielleicht Steine auf dem Grund liegen. Gewißheit bekommt man, wenn man das Lot wieder einholt, und untersucht, was sich in der Butter festgesetzt hat. Da der Anker auf Sand, Ton, in Schlick oder auf Kies auch unterschiedlich hält, kann man hieraus seine Maßnahmen ableiten. Auch für die Navigation ist eine Bodenprobe aufschlußreich: Vielfach sind in den Seekarten Kürzel eingetragen wie „f. gr. Sd." zum Beispiel. Das bedeutet „feiner grauer Sand".

Während wir alles wieder „klar zum Alarmstart" machten, schauten wir uns um. Nördlich von uns lagen mehrere kleine Fischerboote vor Anker, südlich ragten ein paar alte Netzpfähle aus dem Wasser. Gelbe Kornfelder leuchteten zwischen Knicks und Wäldern und reichten in einer Schneise zwischen den windgeschüttelten Bäumen bis ans Ufer. Eine lange Steinbuhne erstreckte sich in das gekräuselte Wasser des Fjords. Es roch nach Erde und dem feuchten Tang der Uferzone. Ich trug ins Logbuch ein: *„19.00 Uhr Ende der Seereise. 19.20 Liegen vor Anker im Gamborg Fjord, 4 m Wassertiefe, Seegras und Schlick, 30 m Kette, übliche Maßnahmen."*

Mit Heißhunger machten wir uns an die Zubereitung des Abendessens. Ich kannte zwar die natürlichen Reserven dieses Ankerplatzes, und mit etwas Geduld hätten wir uns in der Flachwasserzone am Ufer ein leckeres Muschelessen zusammensuchen können. Doch unsere ausgemergelten Mägen hielten längeren Aufschub nicht mehr aus. Wir verschoben das Muschelessen und setzten einen großen Topf Pellkartoffeln aufs Feuer.

Draußen brummte der Wind im Rigg, und das Boot krängte unter den Böen, die den Weg um den Wald herum fanden, und uns mal von der einen, mal von der anderen Seite erwischten. Als wir uns angenehm gesättigt und entspannt zurücklehnten und unsere Pfeifen stopften, knallten oben einige dicke Tropfen an Deck, und dann ging, von heftigen Böen begleitet, ein spärlicher Schauer nieder. In der Ferne grollte Donner, aber das Gewitter gelangte nicht bis zu uns. So saßen wir gemütlich plaudernd und lauschten nach draußen. Ab und zu guckte mal der eine, mal der andere aus der Luke, aber wir lagen sicher, und die ausgebrachte Lotleine hing in weiten, schlaffen Buchten über Bord. Der Wetterbericht um 21.40 Uhr meldete 7–8 Beaufort aus West bis NW. Doch das berührte uns nicht. Die Nachricht erhöhte nur das Gefühl wohliger Geborgenheit an unserem geschützten Ankerplatz. Morgen würden wir weitersehen . . .

Mehr schlafend als wachend, schälte ich mich von Zeit zu Zeit aus den Decken, stieg an Deck und peilte die Lage. Aber sie veränderte sich kaum. Der Wind hatte auf WNW gedreht und heulte unvermindert, aber der Anker hielt, und ich freute mich jedesmal wieder auf die mollige Koje.

Am nächsten Morgen erwachte ich von hellen Sonnenstrahlen, die durch die Kajütsfenster fielen und das Innere der Yacht in heiteres Licht tauchten. Ich schob die Luke zurück und atmete köstlich frischen Wind ein. Draußen wehte es immer noch 6–7, aber die Wolkendecke war aufgerissen. Unter den schnellziehenden blauen Wolkenlöchern schoben sich helle Sonnenfelder über die Landschaft.

Der geschützte, malerische Ankerplatz mit grün bewaldeten Ufern und gelb wogenden Kornfeldern im Sommermorgen war eine deutliche Einladung der Natur zum Bleiben. Wir frühstückten und machten uns mit dem Gedanken an einen faulen Ankertag vertraut. Die Vorstellung fiel uns nicht schwer.

Nach dem Frühstück stieg ich an Deck und blickte mit dem Fernglas in die Runde. In südöstlicher Richtung erstreckte sich auf vier Seemeilen Länge der Gamborg Fjord mit seinen hügeligen grünen Ufern. Ein liebliches, abgelegenes Revier mit geschützten, guten Ankergründen, das an die Schlei erinnert. Im Nordwesten mündete eine halbe Meile entfernt der Gamborg Fjord in den Fænøsund. Dahinter liegt die Insel Fænø inmitten der Beltenge zwischen Fünen und Jütland. Sie teilt die Enge in zwei Arme, den Fænøsund im Osten und das westlich gelegene Hauptfahrwasser.

Fænø ist Privatbesitz und wird als Gutsbetrieb verwaltet, eine Insel mit Feldern, Wäldern, Schilfniederungen und wildromantischen Ufern. Wie ich sie so durchs Glas betrachtete, tauchte der langgehegte Wunsch, FIRECREST einmal an ihren Ufern festzumachen, wieder an die Oberfläche meines Bewußtseins.

„Was hältst du davon zu verholen?“ fragte ich Herbert, und ich erklärte ihm, was ich mir vorstellte. Minuten später war der Anker an Deck, die Gaffel stieg quietschend am Mast empor, und nach kurzer Zeit liefen wir unter Groß, Fock und Klüver aus dem Schutz der Landzunge hinaus in den windgepeitschten Fænøsund. Einige Minuten lang jagten wir mit 35 Grad Lage und brodelnder Hecksee durch die kurzen schäumenden Wellen des Sundes. Dann plötzlich, unter der Abdeckung der hohen Ufer Fænøs, ließ der Winddruck schlagartig nach, das Boot richtete sich auf, und mit leise plätschernder Bugwelle zogen wir im Schutz der bewaldeten Insel dahin.

Deutlich spürbar versetzte uns die Strömung nach Süden. Die 1–2 Knoten Fahrt wurden von der Gegenströmung wieder aufgehoben, und so näherten wir uns langsam quertreibend dem Ufer Fünens, ohne einen Meter nach Norden voranzukommen. Doch je weiter wir uns von Fænø entfernten, desto geringer wurde auch ihr Leeschutz, und plötzlich packte uns wieder eine Bö und peitschte uns voran. Dicht beim Wellenbrecher des großen Yachthafens Rüsselbæk wendeten wir. Nun kreuzten wir in kurzen Schlägen unter den Ufern Fünens gegen den Strom. Immer wieder gerieten wir in die Abdeckung von Fænø und trieben mit schlagenden Segeln zurück. Nur sehr langsam kamen wir voran. Als wir Øksnerodde passierten, wo der Sund einen Knick nach Nordwesten macht, sprang der böige Wind ebenfalls auf NW um und mäßigte sich zur leichten Brise. Jetzt kreuzten wir gegen die Strömung, wo der Sund am engsten ist. Nur meterweise machten wir Höhe gut.

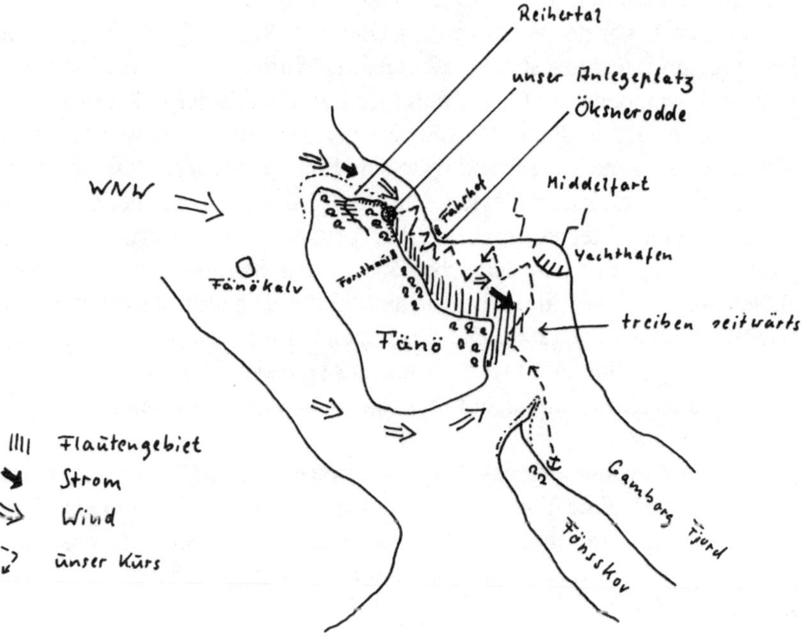

Trotz der konzentrierten Arbeit mit Ruder, Schoten und Backstagen empfanden wir die Schönheit der Landschaft. Gelb wogende Kornfelder flossen von Fænøs Hügeln hinunter ans Wasser, eingerahmt von Wäldern, die so dicht ans Ufer reichten, daß sich hier und da alte Buchen, deren Wurzelwerk unterspült worden war, tief über den Sund neigten oder gar ganz mit ihren Kronen ins Wasser gesunken waren.

Kurz hinter Øksnerodde lag der Fährhof und am Anleger eine kleine rote Fähre mit einem seltsamen Aufbau, der an ein hohes, schmales Schilderhäuschen erinnerte. Wahrscheinlich konnte der Fährmann von dort oben über die hochbeladenen Erntewagen hinwegblicken, die von der Insel auf das Festland transportiert wurden.

Gegenüber bei Fænøs Fähranleger lag etwas zurückgesetzt am Rande des hohen Buchenwaldes ein rotgemaltes, strohgedecktes Fachwerkhaus. Es war das alte Forsthaus, in dem zu früheren Zeiten auch der Fährkrug untergebracht war. Das Haus erinnert mich an den Gasthof „Admiral Benbow“, wie er in Stevensons „Schatzinsel“ beschrieben wird.

Nördlich davon, am bewaldeten Steilufer, waren die Pfähle zweier wakkeliger Anlegebrücken in den Grund gerammt. Eine kleine Segelyacht und zwei Motorsegler hatten an ihnen festgemacht, und wir sahen die Familien am Ufer picknicken. Eine Stelle etwas entfernt davon steuerten wir an. Schmaler Kiesstrand, gleich dahinter die Stämme junger Buchen und Eichen, die einen steilen Hang hinaufwuchsen, an dessen oberer Abbruchkante der Hochwald wurzelte. Goldenes Sonnenlicht spielte in den grünen Wipfeln und auf dem roten Vorjahreslaub am Ufer.

20 Meter bevor der Vorsteven das Ufer erreichte, ließ ich den Heckanker fallen und steckte erst Kettenvorlauf und dann Leine. Ich brauchte eine Menge davon, denn der Grund fällt hier steil ab. Als der Klüverbaum ins Gezweig der Bäume stach, schwang Herbert sich mit Badehose und langer Vorleine ins flache Wasser und watete an Land. Er wickelte die Leine um einen Stamm und kletterte wieder an Bord. Mit der Heckankerleine holte ich uns ein paar Meter zurück, bis die Vorleine tight kam, dann lagen wir gut und sicher, mit dem Rigg beinahe in den Baumkronen. Die Sonne schien warm, die leichte Brise flüsterte in den Blättern, wir fühlten uns wie in einem Südseehafen. Die Segel standen immer noch, hingen sanft killend in den Fallen und wirkten seltsam vor dem Grün der Blätter. Wir fierten sie an Deck, klarten auf und begannen unseren Ferientag.

Als erstes machten wir das Dingi klar. Erst durch ein Dingi wird Ankern zur Alternative. Eine Yacht ab einer bestimmten Größe braucht ein Dingi und sei es ein Gummiboot aus dem Kaufhaus. Sie vergibt sich sonst ganz wesentliche Aktionsmöglichkeiten und Handlungsspielräume.
Einige Beispiele:

- Landverbindung am Ankerplatz, denn wozu ankern, wenn ich nicht an Land kommen kann?
- Zusätzliche Anker bei Sturmgefahr ausbringen.
- Mit Ankern Verholleinen ausbringen.
- Die Möglichkeit, vom Ankerplatz oder vom Hafen aus Ausflüge in Uferzonen oder auf kleinen Flußläufen zu unternehmen.
- Ehe man mit der Yacht hinfährt, kann man Ankerplätze oder Durchfahrten ausloten.
- Das Dingi als Arbeitsboot, um außenbords arbeiten zu können.
- Das gesegelte Dingi zum Segelnlernen für den Nachwuchs.
- Das Dingi, wassergefüllt, als Krängungsgewicht mit schwerer Talje im Mast aufgehängt, um die Yacht von der Sandbank herunterzubekommen oder um sie zu krängen für Arbeiten am Unterwasserschiff.
- Und nicht zuletzt das Dingi als Rettungsboot.

Auf der Firecrest steht es aufrecht in Holzklampen auf dem Kajütsdach und dient zusätzlich als Stauraum, in den wir alles hineinwerfen, was uns gerade im Wege ist – Fender, Leinen, Segel usw.

Wir lösten die Laschings und hakten das Klaufall aus der Gaffel in die Heißstroppen des Dingis, lüfteten es aus den Klampen und fierten es zu Wasser. Für unser spezielles Vorhaben nahmen wir einen Eimer und den Bootshaken mit, hakten das Fall aus und stießen ab. Dicht am Ufer stand der Strom weniger stark, und wir konnten mühelos gegenanrudern.

Nach kurzer Strecke wich Fænøs Ufer zurück und bildete hinter Espenhoved eine flache Bucht. Die waldige Steilküste senkte sich zu einer Schilfniederung, aus der ein kleiner Bach in den Belt mündete. Seltsame grauweiße Büschel auf dünnen Stäben staken im Ufer und oben auf dem steilen Lehmabbruch. Ich stutzte – nein, das waren keine Büsche! Das waren Fischreiher, die da mit aufgeplustertem Gefieder auf ihren langen dünnen Beinen standen! Vorsichtig ruderte ich weiter mit ruhigen, gleichmäßigen Schlägen. Ich hielt etwas in den Sund hinaus und begann zu zählen: 15 Stück schließlich – und da stand noch einer auf dem versunkenen Baumstamm – und da im Schilf noch einer!

Soviele Reiher, Graureiher, um genau zu sein, hatte ich noch nie zusammen gesehen. Sie waren schon fast ausgerottet, weil Fischer, Angler und Besitzer von Fischteichen in ihnen Schädlinge, oder genauer gesagt „Konkurrenten" sahen und sie mit Fallen und Flinten verfolgten. Heute sind die Tiere geschützt, und die Bestände haben wieder etwas zugenommen.

Ich wollte die Vögel ungern verscheuchen, aber das Rudern wurde langsam anstrengend, und so lenkte ich schließlich ins flachere Wasser, wo die Strömung schwächer war. Da erhob sich plötzlich der Reiher nächst zu uns in die Luft, und eine Sekunde später strich der ganze Schwarm flügelschlagend ab und verschwand hinter dem westlichen Waldufer.

Jetzt hielt ich aufs Ufer zu und ruderte im Flachwasser daran entlang, bis wir fanden, was wir suchten: Eine alte, verfallene Anlegebrücke, deren Pfahlreste und halbversunkene Laufplanken schief aus dem Wasser ragten. Wir hielten uns daran fest und begannen, aus der Tiefe mit dem Bootshaken dicke Klumpen Miesmuscheln von den Pfählen zu kratzen. Große Krebse flohen mit wirbelnden Beinen und aufgespreizten Scheren den Ort der Unruhe. Schon nach kurzer Zeit hatten wir unseren Eimer reich gefüllt.

Wir wollten uns noch ein wenig die Beine vertreten. Ich ruderte ans Ufer, und wir zogen das Boot an Land. Dann spazierten wir den schmalen Strand der Insel entlang. Bald erreichten wir den kleinen Bach, der hier in den Sund mündet. Ein schilf- und grasbewachsenes flaches Tal erstreckte sich ins Innere der Insel, und es wäre reizvoll gewesen, dem Lauf des Baches landeinwärts zu folgen. Aber wir beherrschten unsere Neugier. Die Insel befindet sich in Privatbesitz. Freundlich genug, daß man an seinen Ufern „Bootscamper" duldete. Es hieße, die Gastfreundschaft zu mißbrauchen, wollten wir so einfach den Besitz erkunden. So gingen wir zum Dingi zurück und ließen uns von der Strömung langsam zur FIRECREST zurücktreiben. Als wir aus dem Schatten des Steilufers um Espenhoved bogen, genossen wir den Anblick der kleinen weißen Yacht, wie sie am sonnenüberfluteten Ufer unter der grünen Waldkulisse lag.

Es war jetzt Mittag, und in Lee des Waldes wurde es richtig heiß. Damit die Muscheln nicht verdarben, hängten wir sie in einem Netz über Bord. Dann riggten wir das Sonnensegel und lagerten im Schatten an Deck bei Tee, Tabak und Whisky, lasen, dösten faul und betrachteten das Treiben auf dem Sund. Unsere Gespräche kreisten um unsere gemeinsamen Erinnerungen wie Bussarde über einer heiteren sonnigen Landschaft. Ich fühlte mich einig mit meinem Freund und eins mit meinem Boot und der Natur, und das war schön.

In Gedanken waren wir in Indonesien vor 13 Jahren und kehrten gerade von unserer zweiten Handelsschiffsreise zurück, als uns ein kurzes zischendes Geräusch in nächster Nähe auffahren ließ und wir gerade noch den schwarzen Rücken des Tümmlers dicht neben der Bordwand wegrunden sahen. Gespannt beobachteten wir die Wasseroberfläche – und da wieder! – ein Stück stromauf, zwei, vier gerundete dunkle Rücken mit kurzen stummelartigen Finnen. Dort am Rande des Flachwassers, wo der Grund steil in die Tiefe abfiel, suchte eine kleine Schule Tümmler nach Beute und wanderte gelassen gegen die Strömung nach Norden.

Wer mit seiner Yacht in den dänischen Gewässern kreuzt, kann damit rechnen, Tümmler zu entdecken. Sie kommen noch recht häufig vor, obwohl man wohl selten mehr als ein halbes Dutzend zusammen beobachten wird. In früheren Zeiten soll es Schulen von Hunderten gegeben haben.

Ich konnte sie einmal beobachten, wie sie sich zwischen Stellnetzpfählen zu schaffen machten. Immer wieder tauchten sie an derselben Stelle zwischen den Pfählen auf, und ich vermute, daß sich die intelligenten Tiere aus den im Netz gefangenen Fischen eine bequeme Mahlzeit verschafften.

Am späten Nachmittag verschwand die Sonne hinter den Baumwipfeln. Nun lagen wir im Schatten. Als es kühl genug geworden war, um einen Pullover überzuziehen, dachten wir ans Abendessen. Erst schmorten wir Zwiebeln und Knoblauch in viel Margarine. Als die Zwiebeln glasig wurden, löschten wir alles mit einem großen Schuß Weißwein ab, gaben die saubergeschrubbten Muscheln dazu und ließen alles bedeckt auf mittlerer Flamme ziehen. Nach einer halben Stunde hatten sich alle Muscheln geöffnet, und der Topf hatte sich zum Teil mit dem Muschelsaft gefüllt. Verfeinert mit einer Ecke Schmelzkäse und Sherry, gab es ihn hinterher als Suppe. Zu den Muscheln aßen wir Weißbrot mit Butter und tranken einen trockenen weißen Landwein. Er hatte schon einige Stunden am Tampen im kühlen Beltwasser gehangen und die nötige Kellertemperatur angenommen.

Über den Trümmern des Abendessens schaltete ich das Radio ein. Der Deutschlandfunk gab den Seewetterbericht durch: Es sollte abflauen – West bis NW 5–6. Ermüdet vom Relaxen, fanden wir früh in die Kojen. Morgen wollten wir wieder ehrgeizig sein.

“Passatsegeln” nach Samsø

Gefährliches Treibgut
Gitarren am Lagerfeuer
Ein nasser Kuß

MITTWOCH

Zum Wetterbericht um 06.40 Uhr in der Frühe hatten wir bereits abgewaschen und seeklar gemacht. Die Vorhersage sprach weiterhin von NW 5. Damit waren wir sehr zufrieden. Die Rückseite eines langsam abziehenden Tiefs bestimmte unser Wetter, die Wetterlage war eindeutig und berechenbar.

Will man sich die Befriedigung verschaffen, einmal rund um Fünen zu segeln, so ist die beste Methode dafür, sich ein gerade herankommendes Tief zu schnappen, mit SW-lichen Winden an seiner Vorderseite den Kleinen Belt hinaufzusegeln, mit achterlichen Winden oben herumzukommen, und mit dem „Rückseitenwetter“ nach Durchgang der Fronten bei NW-lichen Winden den Großen Belt wieder runterzusegeln. Wenn das Tief zu schnell zieht oder wir zu langsam sind, bietet sich zur Fortsetzung meist gleich das nächste Tief an – wie leider üblich!

Rund Fünen – der logische Weg für einen Ferientörn! Das klingt sehr schön und ist reine Theorie, aber so ungefähr ist es anderen und mir bereits mehrfach geglückt. Bei Ostwetterlage läßt sich auch gut der umgekehrte Weg nehmen. Nur lassen sich in diesem Fall Winddrehungen und Wetterabläufe nicht so genau vorhersagen wie bei Durchzug der üblichen Tiefs, die von Westen kommen und nördlich von uns durchziehen.

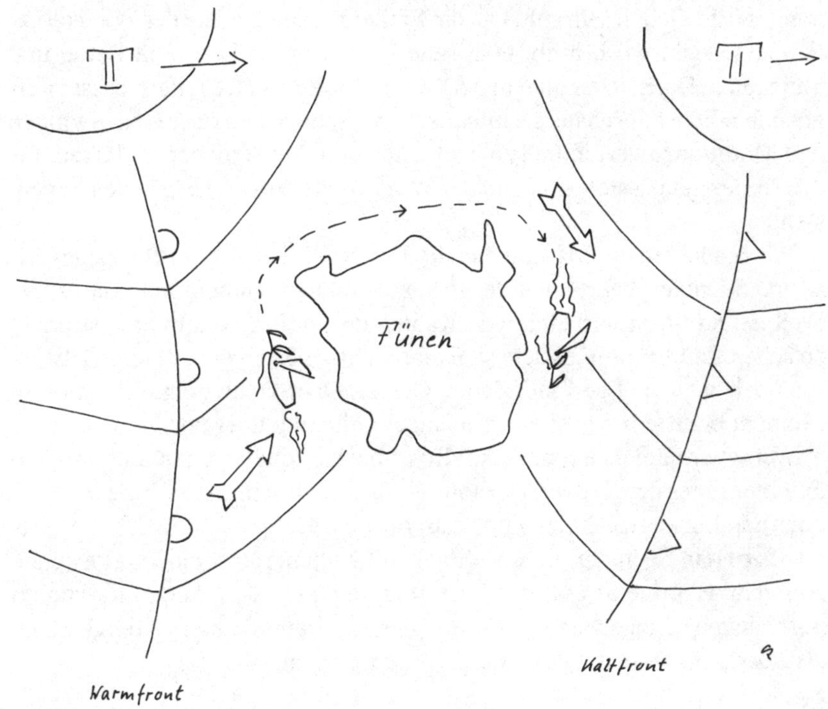

Das Ablegen war simpel. Wir setzten Groß, Fock und Klüver, warfen die Vorleine los und holten uns an der Heckankerleine mit Schwung in den Strom. Kurz nachdem wir den Anker drinnen hatten, packte der Wind ins Rigg und krängte uns ordentlich über, bis die Firecrest begann, Fahrt aufzunehmen. Der Wind wehte kräftig gegenan. Sofort begann die Arbeit. Mit kurzen Kreuzschlägen arbeiteten wir uns gegen Wind und Strom voran. Uns wurde ordentlich warm.

Als wir die Untiefen Fænøtange und Flessingen endlich backbord passiert hatten, konnten wir abfallen und Kurs auf die alte Beltbrücke Kongebro bei Middelfart nehmen. Wir machten durchs Wasser unsere 5–6 Knoten, aber die Gegenströmung betrug sicher 2 Knoten. Somit zog die malerische Landschaft nicht so schnell an uns vorbei, wie wir es uns wohl wünschten. Wir segelten jetzt mit raumem Wind wie auf einem großen schönen Strom. An den Ufern lagen weitläufige Grundstücke und Parks mit Villen und Landhäusern unter alten Bäumen. Über uns, zwischen zwei rotgemalten himmelhohen Gittermasten, hingen in tiefem Bogen die Überlandleitungen zwischen Jütland und Fünen, und vor uns spannte sich das Gitterwerk der alten Beltbrücke. 33 Meter über dem Wasser lagerte sie auf vier mächtigen steinernen Pfeilern, die aus dem Strom ragten.

Für das Passieren der Brücke gibt es Vorschriften, die aus dem „Handbuch für Belte und Sund“ zu entnehmen sind. Und Vorsicht! Denn wenn man sich zu dicht in Stromluv an die Pfeiler heranwagt und der Wind plötzlich abgedeckt wird, treibt man ruderlos auf einen Berg von Beton und Steinen zu. Deshalb ist man in der Mitte zwischen den Pfeilern besser aufgehoben. Es ist durchaus seemännisch, bei schwachen oder Gegenwinden den Motor anzuwerfen und sich so lange von ihm schieben zu lassen, bis die Pfeiler gut passiert sind und der Wind wieder zuverlässig in den Segeln steht.

Wir brauchten die Maschine nicht. Der NW blies uns mit Backstagsbrise und 5 Knoten Fahrt unter der Brücke hindurch. Unheimlich war es, die Wellen und Stromwirbel an den Kanten der Pfeilersockel vorbeistrudeln zu sehen. In Stromluv bildete sich eine richtige Bugwelle, deren Kielwasser noch weit in Lee eine glatte, glasige Oberfläche zeigte. In diesem Moment brauste hohl rollend ein langer Güterzug über uns hinweg.

Wenn wir damals in der Australfahrt nach Sydney kamen und mit dem Frachter unter der Sydney Harbour Bridge hindurchfuhren, bedeutete ein über uns hinwegrollender Zug, daß wir eine Hafennacht bekämen. Das war für Hein Seemann in der schnellen Containerfahrt eine verlockende Aussicht. Häufige Streiks der Australier und hohes Landungsaufkommen mit langen Liegezeiten nährten diesen freundlichen Aberglauben. „Herbert, das bedeutet eine Nacht – fragt sich nur, wo."

Rechts gleich hinter der Brücke liegt etwas versteckt der königlich dänische „Kongebro"-Yachthafen und ein Stück weiter der Handelshafen von Middelfart, ein kleiner schmaler Schlauch von Hafen unter dem am Steilufer hochgebauten malerischen Städtchen. Hier liegt man wesentlich gemütlicher als im neuen Yachthafen auf der anderen Seite der Stadt – wenn man noch einen Liegeplatz bekommt. Bei Sonnenschein sieht Middelfart mit seiner terrassenartigen Wasserfront ein bißchen nach Italien aus und weckt mediterrane Sehnsüchte.

Groß war die Versuchung, zum zweiten Frühstück anzulegen, mit frischem Weißbrot und frischer Milch, aber die Lust zu segeln war noch größer. Hier macht der Belt wieder eine Biegung nach Norden, und wir luvten an. Viel höher, viel weiter als die alte Kongebro, die wir eben passiert hatten, spannte sich vor uns die neue Autobahnhängebrücke über den Belt. Ihre hohen, aus großer Ferne sichtbaren Pilone hatten wir vorgestern bereits angesteuert. Aber aus der Nähe wirkt ihre schlanke, luftige Konstruktion leicht und gar nicht aufdringlich. Und im Gegensatz zur alten Brücke ist zwischen ihren beiden himmelhohen Pfeilern viel Platz zum Manövrieren. Wir segelten einfach schräg unterdurch.

Vor uns quollen die giftig-gelben Rauchschwaden aus den Raffinerien Fredericias. Hart am Wind, mit zugeknöpften Jacken, ließen wir den hübschen Leuchtturm Strib an Steuerbord. Dann öffnete sich der Belt, wir konnten wieder abfallen, und voraus bot sich das lang entbehrte Bild der weiten See, die sich dehnte bis zum Horizont. Mit halbem Wind preschten wir hinaus aufs offene Wasser.

Der Rudergänger hatte herrliche Arbeit. Mit viel Lage, aber trocken wie eine Ente schwang sich die Firecrest über die Wogen, wie auf allen Kursen, ohne einen Tropfen Spritzwasser überzunehmen. Das macht der schlanke gerade Vorsteven, ein Relikt des letzten Jahrhunderts. Die modernen überhängenden Löffelsteven mit dem starken Auftrieb, der bei jedem Einsetzen explosionsartig zur Geltung kommt, werfen beständig Gischtwolken hinter sich.

Heute muß die Crew Ölzeug anziehen, sobald es an die Kreuz geht. Früher segelten die Herrensegler auf gleichen Kursen noch in Flanellhose und Blazer und waren dabei nur wenig langsamer.

Für uns begann jetzt wieder Seefahrt. Ich genoß das Heben und Wiegen, streckte mich an Deck in der Sonne aus und döste. Unter mir schwang das Deck auf und nieder, im Rumpf knarrte leise das Gebälk, der Wind brummte in der Takelage, die See brodelte und rauschte. Es gibt Momente, da fühlt man, daß es „mehr" nicht gibt, höchstens ein „anders".

Als ich erwachte, stand die Sonne hoch am Himmel. Es war Mittag. Herbert saß entspannt in gelassener Konzentration auf dem schrägen Deck. Seine Hand ruhte auf einer Ruderspeiche und folgte dem rhythmischen Pendeln des Rades bei jedem Einsetzen des Bootes.

Ich kletterte durchs offene Vorluk in die Kombüse und setzte Wasser auf. Heute blieb die Küche einfach. Ich öffnete eine große Dose Wiener Würstchen. Auf der dem Herd gegenüberliegenden Werkbank sitzend, beobachtete ich die ins Sonnenlicht aufsteigenden Dampfwolken und die Tassen, die an ihren Haken unter der Decke hin- und herschwangen.

„Achtung, festhalten!" brüllte Herbert. Firecrest legte sich in eine rauschende Drehung, ich rutschte von der Werkbank – zwei Sekunden später war ich mit instinktiv exakten Sprüngen am Mast vorbei, durch die schrägliegende Kajüte und den Niedergang hoch. Ich schoß aus dem Luk und warf mich sofort an Deck, denn knapp über meinem Schädel krachte der Großbaum ins Leebackstag. Patenthalse! Ich dachte: Jetzt kommt alles von oben! Herbert drehte wild am Rad, ich wollte dazwischengreifen, da sah ich, wie die Yacht zurückschwang, der Baum fegte wieder über uns hinweg und warf sich in die hochfedernde Großschot. Herbert zeigte nach achtern: Da sah ich die scharfkantigen rostigen Eisenbeschläge eines hölzernen Lukendeckels, der langsam im Kielwasser zurückblieb. Wie ein schwimmender Meißel hätte sich die balkendicke Planke durch die Bordwand gebohrt, wäre Herbert nicht im letzten Moment ausgewichen.

Ich wollte etwas sagen, aber statt dessen griff ich nur Herberts Rechte und schüttelte sie. Er lächelte säuerlich. Dann untersuchte ich das Rigg auf Schäden. Außer einer Kerbe im Holz des Großbaums, dort, wo er ins

Backstag gefallen war, schien alles heil geblieben zu sein. Ich hatte mich schnell beruhigt, aber meine Gedanken liefen weiter in die einmal eingeschlagene Richtung. Ich kannte mindestens zwei Segler, die grundsätzlich niemals nachts segelten, aus Angst vor Treibgut.

Hölzerne Lukendeckel sind auf alten Frachtern noch in Gebrauch, und es kommt vor, daß sie aus einem Stapel über Bord fallen oder einfach über Bord geworfen werden, wenn sie angeknackst sind. Und noch mehr schwimmt unkontrollierbar in der See: Stämme und Balken von Holzdecksladungen, die im Sturm geslipt oder über Bord gewaschen werden und Paletten, Container und Fässer. Unbehelligt saugt es sich voll, bis es fast unsichtbar dicht unter der Wasseroberfläche treibt. Dort wartet es auf dich . . .

Ich sage immer: Solange nichts passiert, geht das Leben weiter. Also kletterte ich wieder runter zu meinen heißen Würstchen. Sie waren im Topf und der Topf auf dem Herd geblieben, und so stopfte ich sie in eine Thermoskanne. Ich schmierte dicke Butterbrote, holte Senf und Bier aus der Last und servierte das Mittagessen auf dem Cockpitboden, wo nichts mehr tiefer fallen konnte.

Die Sicht war ausgezeichnet. Schon in weiter Ferne waren die Umrisse der Insel Æbelø über der Kimm zu erkennen. Langsam wurden ihre Konturen deutlicher. Mein erster Eindruck von Æbelø ist jedesmal wieder der einer großen bergigen Insel, wie Stevensons Schatzinsel. Wenn ich dann dicht herangesegelt bin, bleibt auch heute immer noch ein Rest von Erstaunen, daß sie doch sehr klein ist.

In ihrer Nähe frischte der Wind merklich auf. Wir jagten förmlich dahin. Ich hatte Herbert abgelöst und mußte mich ganz aufs Ruder gehen konzentrieren. Die Firecrest gierte und wollte zuweilen mit aller Gewalt anluven. Die Schoten standen zum Brechen steif. Dennoch ließ ich alle Segel stehen.

Das war der Eckeneffekt, den die Insel verursachte, indem sie sich dem Wind in den Weg legte und die Luftmoleküle zwang, mit erhöhter Geschwindigkeit an ihrer Küste vorbeizufließen, um den Anschluß nicht zu verlieren. Und wirklich ließ, bald nachdem wir sie an Steuerbord passiert hatten, der Wind wieder nach und wehte mit seiner alten Stärke, 4–5 mochten es gewesen sein.

Endelave lag niedrig an Backbord, und am frühen Nachmittag kam Samsø in Sicht, genau auf der Kurslinie, wie es sich gehörte. Die Insel war auch etwas zu groß, um sie zu verfehlen. Langgestreckte dunkelblaue Roller wanderten von Backbord unter uns durch nach Steuerbord, die Sonne strahlte heiß, und die Haut über den Wangenknochen schmerzte verbrannt. So mußte Passatsegeln sein, dieses Heben und Wiegen, der kraftvoll gleichmäßige Wind, die gewalttätige Sonne. Das war ein Wetter, gut für Anholt! Vielleicht später einmal. Unser erklärtes Ziel hieß: Rund Fünen und „Dänische Südsee". Ballen auf Samsø sollte unser nördlichster Anlaufhafen sein.

Um 17.00 Uhr passierten wir Lushage Leuchtturm und segelten in den Leeschutz von Samsø. Der Seegang ließ nach. Im ruhigen Wasser gingen wir hart an den Wind und segelten dicht unter der Ostküste nordwärts. In Lee der Insel hatte der Wind auf etwa 4 Beaufort nachgelassen. Wir setzten das Topsegel. Damit zogen wir merklich schneller voran und liefen auch mehr Höhe. Die brauchten wir, sonst hätten wir uns immer weiter von der Küste entfernt und nachher wieder aufkreuzen müssen.

Bald erschien Ballen hinter dem Knick des Steilufers. Dicht wie Schilfhalme wuchs der Mastenwald hinter der Mole aus dem Hafenbecken, und auch die Reede war voller ankernder Yachten. Mit ein paar Kreuzschlägen auf der letzten Meile erreichten wir die geschützte Reede nördlich der Hafeneinfahrt. Wie segelten mitten zwischen die ankernden Schiffe und suchten uns eine Fläche mit Platz zum Schwoien. Etwa 150 Meter vom Strand entfernt warfen wir den Anker. Wir setzten den Ankerball und tuchten langsam die Segel auf.

Entspannt und angenehm ermüdet vom Segeltag, betrachteten wir unsere neue Umgebung. Zwischen den Yachten auf Reede und dem Sandstrand und der Hafenmole fand reger Beibootsverkehr statt. Der Strand war voller Badegäste, bunte Fähnchen flatterten, Stimmengewirr wehte zu uns herüber und, kaum wahrnehmbar, der Geruch von Sonnenöl.

Zwei kleine Probleme harrten der Lösung: der Müll mußte an Land, und Wasser mußte gebunkert werden. Da wir mit Frischwasser nicht übermäßig sparten und es neben Trink- und Kochwasser auch zum Spülen und Waschen benutzten, reichte unsere Kapazität von 120 Litern nur wenige Tage. Deswegen nutzte ich jede Gelegenheit zum Auffüllen der Reserven.

Wir setzten das Dingi aus, ich schnappte mir zwei leere 20-Liter-Kanister, und Herbert reichte mir den großen zugebundenen Müllbeutel runter. Dann pullte ich Richtung Hafen.

Man wundert sich, wieviel Zeit man für eine Dingistrecke benötigt: Beinahe soviel wie ein Fußgänger für die gleiche Wegstrecke an Land. Nun – ein riemengetriebenes Beiboot mag ein langsames Fortbewegungsmittel sein – ein zuverlässigeres und gesünderes gibt es kaum.

Ich benötigte beinahe eine Stunde, bis ich wieder zurück war. Die meiste Zeit verbrachte ich, wie es meine Art ist, mit neugierigem Umherschauen.

Ich pullte durch die Einfahrt und quer durch den mit Segelbooten und Motoryachten vollgepackten Hafen ans Ufer. Dort zog ich das Dingi auf den kurzen Strand im hinteren Teil des Hafens. Ein Wasserhahn war in der Nähe und auch eine große Mülltonne, so daß meine Probleme schnell gelöst waren.

Während das Wasser in die Kanister sprudelte, betrachtete ich das bunte Ferientreiben in meiner Umgebung. Es war Abendbrotzeit. Die Fischer in den kleinen Booten packten ihre Gerätschaften ein, und die Segler strebten an Bord, wo aus hundert Kombüsen würzige Düfte aufstiegen. Hübsche junge Mädchen lungerten herum, und Rucksäcke lehnten an der Windschutzmauer. Braune lange Beine im warmen Abendlicht. Unsere Blicke trafen sich, zögerten, wanderten weiter . . . Ich trug meine gefüllten Kanister ins Boot und schob es ins Wasser. Auf dem Rückweg durch den Hafen verweilte mein Blick noch lange an der Stelle, die ich eben verlassen hatte. Beinahe wäre ich in ein Päckchen Segelyachten hineingerudert.

Nach dem Abendbrot saßen Herbert und ich im Cockpit und tranken Whisky. Der Badestrand hatte sich geleert. Nur eine Gruppe junger Leute war zusammen sitzengeblieben. Als die Dämmerung herabsank, flammte in ihrer Mitte ein großes Lagerfeuer auf. Wir zündeten die Ankerlampe an. Am Ufer klangen Gitarrensaiten auf. Die leichte Abendbrise trug Fetzen von Refraingesang und Holzrauchdüfte zu uns herüber. Schließlich holten wir das Dingi längsseits und ruderten an Land. Eine 2-Liter-Flasche Wein aus der Bilge nahmen wir mit.

Wir zogen das Dingi auf den Strand und gingen langsam auf die Gruppe zu. Herbert trug die Flasche unter dem Arm. Nahe beim Feuer saßen viele Kinder, die eifrig Brennholz herbeischafften und große Steine heranrollten. „Nicht daraufsetzen! Die Steine sind für Eddy und seine Leute!“ Ein Halbwüchsiger verscheuchte mich von dem von mir erkorenen Sitzplatz. „Wer ist Eddy?“ fragte ich einen bärtigen Typen und ließ mich im aufgelockerten Kreis der jungen Leute im Sand nieder. Herbert zog den Korken aus der Flasche. „Na – Eddy, der Schlagersänger . . .“ kam die Antwort. Mir fiel kein Eddy ein. Ein Mädchen in rotem Batikkleid erklärte uns, daß

Eddy hier jedes Jahr mehrere Wochen mit seiner Band in einem Ferienhaus verbrächte. Die Kinder wären alle seine Fans und hätten das Feuer angezündet, damit er sich zu ihnen setze und für sie singe. Sie hätten ihn gebeten zu kommen.

Da verstummte die Gitarre, und Eddy erschien im Schein des Lagerfeuers – ein dunkelhaariger adretter Twen, ein bißchen wie die netten Jungens aus den Versandhauskatalogen. Er kam in Begleitung einer herben Blondine, die aussah, als könnte sie mehr Schlaf und weniger Zigaretten gut vertragen, und eines grauhaarigen freundlichen Dicken in Jeansanzug, der eine Bongotrommel trug.

Ich hatte Eddy noch nie gesehen – eine lokale Größe. Er ließ sich die Gitarre reichen – der Spieler gehörte wohl zu seiner Band – griff ein paar Akkorde und fing an zu singen. Er hatte einen überraschend schönen tragenden Bariton. Er sang die Lagerfeuerlieder, die ich als Junge so mochte: „The House of the Rising Sun", „My Bonny is over the Ocean", „Oh my Darling Clementine" . . . Die Kinder waren hingerissen. Unsere Weinflasche kreiste in der Nähe und war nach dem zweiten Durchgang leer, doch aus dem Dunkel tauchten neue Flaschen auf, und jemand brachte einen Korb Kartoffeln, die unter die Glut am Rande des Feuers geschoben wurden.

Draußen auf dem dunklen Wasser blinkten die Lichter der Ankerlieger. Gegen den etwas helleren Nachthimmel zeichnete sich fern und spinnwebhaft das Rigg der FIRECREST. Andere Beiboote landeten.

Ich machte gerade zu Herbert irgendeine Bemerkung über den unermüdlichen Sänger, als ich meinen Satz verlor und auf eine Handvoll Männer und Mädchen starrte, die auf der anderen Seite des Feuers in den Lichtschein getreten waren. Dort stand die schöne blonde Dänin mit den langen braunen Beinen, die ich beim Wasserholen am Hafen gesehen hatte! Mir wurde ganz heiß, als sie mit den anderen um den Kreis herumging und sich neben uns niederließ. Ich schaute fasziniert zu ihr hin, und als sie mich bemerkte, winkte ich ihr freundlich zu. Sie lächelte mich an, und ich rückte näher.

Ich weiß nicht, was es war – möglicherweise Eddys Ausstrahlung oder die Wirkung seiner Stimme. Es war eine lockere, heitere Atmosphäre entstanden, die Leute sangen mit, improvisierten aus mit Kies gefüllten Bierdosen Rumbarasseln und schlugen den Takt auf Holzkisten. Lustige Lieder erklangen, manche trotz der anwesenden „Kleinen" nicht ganz jugendfrei und in den Pausen, wenn Eddy oder die anderen Vorsänger sich an verbrannten Kartoffeln und Bier labten, ertönte in der stattlich angewachsenen Runde angeregtes babylonisches Stimmengewirr. Von der Ankerreede und aus dem nahegelegenen Yachthafen war eine erkleckliche Anzahl Deutscher angerückt, dann waren da Norweger, Schweden, Engländer, Holländer – eine internationale Runde.

Ich sprach mit meiner Dänin Englisch. Wir hatten uns schon vorhin am Hafen getroffen, und ich freute mich, daß wir uns jetzt wiedersahen – das sagte ich ihr. Ein seltsamer Automatismus scheint zuweilen in glücklichen Momenten zu wirken, jedenfalls saßen wir bald dicht nebeneinander. Sie duftete dezent nach Haut und Sonnenöl, und ich spürte durch den Pullover den ganz leichten Druck ihrer Schulter. Sie hieß Jane (sprich: Jäne).

Ich zeigte ihr die Silhouette der Firecrest. Nicht viel später standen wir am Strand und warfen Kieselsteine ins Wasser. Kleine Wellen brachen sich zu unseren Füßen und flammten gelblich-weiß: Meeresleuchten. Ich schlug vor, das Dingi zu nehmen, und bald ruderten wir langsam in Richtung Firecrest. Begeistert beobachtete sie, wie die Riemenblätter feurigweiße Strudel unter der schwarzen Wasseroberfläche erzeugten. Auf halbem Wege zur Yacht zog ich die Riemen ein und ergriff ihre Hand. Wir küßten uns leidenschaftlich.

Sie schrie auf, als das Dingi kippte und sich ein leuchtender Schwall Seewasser übers eingetauchte Dollbord und unsere Knie ergoß. Eine Sekunde später flammte es im Westen grell auf, und grummelnd verkündete Petrus seinen Unwillen. Eine schwarze Wand hatte sich über die dunklen Umrisse der Insel erhoben und verdeckte die Sterne. Warum gerade jetzt?

Am Strand entstand Unruhe. Jane wollte zurück, und ich dachte an Gewitterböen und die Haltekraft des Ankergeschirrs. Als der Dingiboden mit häßlichem Kratzen über die Ufersteine fuhr, war ein Teil der Lagerfeuerrunde im Aufbruch begriffen, auch Janes Leute.

Wir standen noch einen Moment herum, und ich bat sie um ihre Adresse. Wir hatten weder Papier noch Bleistift, und sie schrieb mit einem kleinen Kreidestein auf einen großen flachen Kiesel. Ich legte ihn ins Dingi. Dann ging sie mit den anderen. Ich schaute ihr nach, und es gab mir einen Stich, als ich im Halbdunkel des in der Entfernung schwächer werdenden Feuerscheins sah, wie der neben ihr gehende Mann seinen Arm um ihre Taille legte. Etwas verschlossen setzte ich mich zu Herbert, der sich zusammen mit einer dunkelgelockten Schönen an gerösteten Kartoffeln gütlich tat. Sie scherzten und lachten und amüsierten sich blendend. Das Gewitter schien nur langsam näherzurücken. Auch ich klaubte mir eine Kartoffel aus der Glut.

Auf Südkurs Richtung Grosser Belt

Ankern vor Korshavn
Im Handelshafen von Kerteminde

DONNERSTAG

Die Morgensonne des folgenden Tages sah mich gegen 10 Uhr vormittags an Deck beim Zähneputzen inmitten flatternder feuchter Hemden, Hosen und Pullover. Als wir bei Morgengrauen zurück an Bord gerudert waren, hatte uns eine Schauerbö überrascht und durchnäßt. Wir hatten heißen Kakao getrunken und waren dann in unsere Decken und Schlafsäcke gekrochen. Mein Bewußtsein kehrte erst zurück, als die Sonne grell in die Kajüte schien. Mit dem Glas blickte ich nach Osten auf die freie See. Hier auf der geschützten Reede wehte leichte Brise aus West. Wie sah es draußen aus? An den Segeln der Yachten am Horizont sah ich: Vollzeugwetter.

Mit Frühstück hielten wir uns nicht lange auf. Wir schütteten heißen Kaffee in die Thermoskanne, stapelten Honig- und Käsebrote in einen Kochtopf und stellten alles ins Cockpit. Das Dingi war noch längsseits vertäut und voller Regenwasser. Maßnahmen: Am Klaufall hochziehen, Leckschraube rausdrehen und auslaufen lassen, Schraube wieder rein, Dingi an Deck schwingen und in die Bootsklampen fieren: Das sind die dem Dingiboden angepaßten Holzkeile, in denen es auf dem Kajütsdach ruht. Der Rest ging schnell: Anker hoch und Großsegel setzen, Fock hoch und backholen, dabei abfallen nach Backbord und hinaussteuern aus dem Feld der Ankerlieger. Dicht an der äußeren Hafenmole vorbei führte unser Kurs nach Süden.

Da entsteht Bewegung auf der Mole: Lange braune Beine in Jeansshorts, weiße Bluse, wehendes blondes Haar im Wind: Jane – plötzliche starke Erinnerung! Sie winkt – ich winke – sie bleibt zurück – vor uns die Freiheit!

Wieder passierten wir Lushage Leuchtturm, diesmal mit Südkurs. In aller Ruhe verzehrten wir unser spätes Frühstück, in Luv sitzend, die Füße auf der Cockpitkante, die Segel gespannt im Wind, die Dünung greift nach uns, hebend, senkend, wir sind wieder unterwegs.

Der Westwind ließ im Laufe des Vormittags nach, und Dunst zog auf. Wir setzten alles, was wir hatten, so wie am ersten Tag: Groß, Top, Fock, Klüver, Ballonflieger. Dabei waren wir mit 3 Knoten Fahrt immer noch gut bedient, denn es flaute weiter ab.

Einige Meilen an Backbord liegen die Bolsaks-Untiefen, gefährliche Gründe mitten auf See. Und eine Stunde später an Backbord Lillegrund, die Untiefe, die Fyns Hoved, dem Nordostzipfel Fünens, vorgelagert ist. Nachts wird sie nur von einer einsamen Untiefentonne beleuchtet. Lillegrund ist bei Dunkelheit ein ernstzunehmendes Hindernis. Ich erinnere mich an manche nächtlichen Törns oben um Fünen herum und an die spannende halbe Stunde, bevor die Lillegrund-Nordtonne mit ihrem beruhigenden Funkelfeuer auftauchte, glücklicherweise immer genau da, wo sie sein sollte.

Mit Gebieten ausgedehnter verschlungener Untiefen auf Seekarten ist das so eine Sache. Wem ist es nicht schon so ergangen, daß er auf den ersten Blick nicht wußte, wie er den Weg hindurch finden sollte? Doch da gibt es eine wunderbare Met hode, die mir der alte Kap-Horn-Kapitän beigebracht hat.

Wieviel Tiefgang hat das Boot? Vielleicht 1,70 Meter? Gut: Man nehme einen hellblauen Filzstift und suche auf der Karte die 2- Meter-Linie. Gefunden? Dann zeichnet man sie mit dem Filzstift nach! Eine kleine Fleißarbeit zwar, aber was macht mehr Spaß an einem gemütlichen Winterabend am Kamin? Der Erfolg: die Karte ist wie verwandelt! Auf den ersten Blick überschaut man sein Segelrevier und erkennt sofort, wo es zu flach wird.

Ein kurzer Blick reicht jetzt schon zur Orientierung. Und wenn du einmal des Nachts zwischen den Gründen, wenn Ruder, Segel und Leuchtfeuer deine ungeteilte Aufmerksamkeit erfordern, geblendet vom Schein der Taschenlampe auf die Karte schaust, wirst du im Geiste die schwielige Rechte des alten Kapitäns ergreifen und sie dankbar schütteln, wegen seiner guten Idee. Und noch ein Tip: Nie eine Seekarte lose mit ins Cockpit nehmen! Riskier nicht, daß dir die Karte mit den lebenswichtigen Angaben, auf die du angewiesen bist, über Bord weht. Totalverluste gehen auf das Konto derartiger Mißgeschicke.

Als ich einmal bei Freunden mitsegelte, geschah es, daß eine holländische Yacht dicht aufkam und mit Hornsignalen und Winken auf sich aufmerksam machte. Mit Megaphon bat der Skipper, uns folgen zu dürfen, damit wir ihn in den nächsten Hafen lotsten, ihm sei die Seekarte fortgeweht . . .

Am frühen Nachmittag erreichten wir Fyns Hoved, das wie ein langer Zeigefinger nach Norden in die See hinausragt. An seiner Westseite liegt Korshavn, eine Bucht in urwüchsig schöner Landschaft. Dorthin wollten wir. Der Naturhafen liegt eingebettet in verschlugenene Nehrungen, Sandbänke und Untiefen, auf der Seekarte ein Gewirr blauer, weißer und gelber Felder und feiner Linien. Von WSW führt eine betonnte Ansteuerung in die Bucht.

Über eines mußten wir uns bei der herrschenden Wetterlage im klaren sein: Wir steuerten einen Leehafen an. Grundsätzlich erste Überlegung bei Ansteuerung eines Leehafens ist: Kann ich bei Auftauchen eines plötzlichen Hindernisses oder Gewahrwerden eines Navigationsfehlers noch anluven und mich wieder freisegeln? Dann: Kann der Hafen bei einer Wetterverschlechterung zur Mausefalle werden, sei es, daß ich gegen Wind und See nicht mehr aus dem Hafen komme oder mein Schiff gar durch die in den Hafen hineinlaufenden Seen in Gefahr gerät, ohne daß ich entkommen kann?

Aber unsere Lage war problemlos, denn der leichte Westwind bedeutete keine Gefahr. Gegen ihn hätten wir jede noch so enge Ansteuerung wieder aufkreuzen können. Die Wettervorhersage kündigte ein schwach ausgeprägtes Tief an, dessen Vorderseite uns morgen leichte SW-Winde bescheren sollte. Eine Wetterverschlechterung war also nicht zu befürchten. Im Extremfall, vor dem man nie sicher sein kann, wären wir zwar im Hafen festgehalten worden, hätten aber hinter der Halbinsel Korsøre geschützt liegenbleiben können. Also konnten wir beruhigt einlaufen.

Wir segelten mit Südkurs an Fyns Hoved vorbei und warteten so lange, bis wir die Richtbaken von Korshavn Backbord achteraus sahen. Dann fuhren wir eine Halse und liefen zwischen der roten und grünen Fahrwassertonne hindurch Kurs Ost, bis die Richtbaken in Linie standen. Ihre Deckpeilung beträgt 51 Grad und führte uns auf den Leuchtturm der kleinen Halbinsel Korsøre zu. Bevor wir auf den Strand liefen, änderten wir Kurs nach Ost, und nun lag vor uns die weite Ankerbucht von Korshavn. Die Yachtbrücke war dicht belegt, viele Boote ankerten. Am Ufer liegt ein kleines Hotel mit Restaurant, sonst sahen wir nur Boote, Strand, Wiesen, Knicks, Möwen und viele Menschen am Ufer.

Herbert steuerte, ich turnte auf dem Vorschiff herum. Der Anker war schon klar. Ich lotste Herbert auf eine freie Wasserfläche zwischen den ankernden Yachten, dann fielen Flieger, Topsegel und Klüver im Sekundenabstand, die Radspeichen wirbelten, der Bug drehte in den Wind, Fock und Großsegel killten. Ich packte die Fock am Schothorn und hielt sie back, die FIRECREST drehte nach backbord, der Anker fiel. Jetzt Fock runter, Großsegel bergen, mehr Kette stecken, Ankerball am Klüverstag hochziehen – das Boot törnte ein. – Ruhe, Entspannung – an Deck ein Wuling von Segeltuch und Tauwerk.

Da fiel mir der Stein mit Janes Adresse im Dingi ein. Da lag er – aber die Adresse war verschwunden – abgewaschen vom Regen . . . es gibt Momente, in denen ist man traurig.

Es war ein heißer Nachmittag. Ich zog die Badehose an und sprang über Bord. Das Wasser der Bucht war angenehm warm. Ich schwamm zur Ankerboje und tauchte an der Leine hinab zum Anker, etwa drei Meter tief. Ich prüfte, ob er sich richtig eingegraben hatte und rückte ihn zurecht.

Sooft die Wassertemperatur und meine Lust zum Baden es zulassen, kontrolliere ich so den Anker. Auf dichtbelegten Ankerplätzen allerdings können Ankerbojen problematisch werden. Leicht kann die Boje mit der Leine in die Schraube einer manövrierenden Yacht geraten, besonders bei Nacht, wenn die Bojen kaum auszumachen sind. Wenn man auf eine Trippleine, um den Anker schnell an Deck zu ziehen, nicht verzichten will, belegt man sie besser mit genügend Lose an der Kette selbst. In einsamer Bucht hingegen benutze ich stets eine Ankerboje. Sie zeigt mir, wo der

Anker liegt, und ich finde ihn, wenn ich tauchen will, um ihn zu kontrollieren. Außerdem findet man den Anker mit einer Ankerboje jederzeit wieder, sei es, daß aus irgendeinem Grund die Kette gebrochen oder ausgerauscht ist oder daß man sie geslipt hat, weil nach einer plötzlichen Winddrehung in die Ankerbucht hinein keine Zeit mehr blieb, den Anker einzuholen.

Noch ein wenig über das Ankern: Die meisten Ankertypen, die bei den Yachtausrüstern angeboten werden, sind bedenkenlos zu empfehlen. Wenn sie sich einmal eingegraben haben, halten sie bombenfest, wenn . . .

Nachdem ich zweimal mit einem verkrauteten Danfort-Anker auf Drift gegangen bin, ankere ich auf Seegras (und das wächst auf den meisten dänischen Ankergründen) und auf unbekannten Untergründen nur noch mit dem guten alten, schweren Stockanker, der mich noch niemals im Stich ließ und immer hielt. Über die passenden Gewichte und Kettenstärken findet man mehr in jedem Handbuch. In unserem Revier brauchten wir nicht damit zu rechnen, häufig auf über zehn Meter Wassertiefe ankern zu müssen, die meisten Ankergründe liegen zwischen drei und sechs Metern.

Ein Ankerball soll rund und schwarz sein und nicht zu klein, da kann man schnell etwas zusammenbasteln. Als Ankerlampe genügt vollkommen das berühmte „Feuerhandbaby", eine kleine Petroleumlampe für 20 DM, in jeder Eisenwarenhandlung erhältlich. Vorsicht vor billigen Kopien aus Ostasien, die bei Starkwind ausgeblasen werden und außerdem stark rosten.

Abschließend noch ein paar Checkpunkte, bevor man seinen Anker wirft: Bin ich geschützt, auch wenn der Wind etwas drehen sollte? Besteht die Gefahr, daß ich plötzlich bei Starkwind auf Leegerwall stehe? (Gehe nie tief in eine lange schmale Bucht hinein, wenn die geringste Gefahr besteht, daß sie zur Mausefalle wird, aus der man sich nicht mehr freikreuzen kann.) Wie tief ist es am Ankerplatz, und welche Beschaffenheit hat der Ankergrund? (Arbeite mit dem buttergefüllten Handlot! Manchmal steht es auch in der Seekarte: „T" heißt „Ton", „Schl." steht für „Schlamm" oder „Schlick", „Sd" für „Sand", „st." für „steinig" usw.)

Die Haltekraft des Ankers ist sowohl abhängig vom Ankertyp als auch vom Ankergrund. In weichem Schlick kann er sich so tief hineinziehen, daß du ihn nur mit dem Ankerspill oder mit einer Talje und der Schotwinsch freibekommst, oder du belegst die Kette ganz kurz auf dem Vorschiff und läufst dann mit allen Mann nach achtern, damit sich der Bug hebt und den Anker ein Stück aus dem Grund zieht. Das wiederholst du so lange, bis er aus dem Grund ist.

Zwischen Felsen kann er sich so verklemmen, daß ein Tauchgang notwendig wird. Und auf steinigen Grund oder grobem Kries rutscht der Anker klappernd über den Grund, ohne zu fassen, oder er schliddert auf hartem Ton wirkungslos dahin, oder er verkrautet sich, bevor er sich eingraben kann, mit dichtem Seegras, und du ziehst einen nutzlosen Heuballen am Grund hinter dir her ... Normalerweise aber wird er das Boot halten und, oft und mit wachsender Erfahrung benutzt, ein treuer Freund, Helfer und Retter in der Not sein.

Noch ein paar Tips: Stehen Wind und Wellen aus unterschiedlichen Richtungen auf den Ankerplatz und das Schiff rollt und liegt unruhig, so hilft eine Spring, die von achtern auf die Kette gesetzt wird. Man holt sie so lange dicht, bis die Dünung genau von vorne kommt. Jetzt wird das Schiff ruhiger liegen und weniger rollen. Als zweite Möglichkeit läßt sich auch eine Spiere, z. B. ein Spinnakerbaum zur einen Seite ausbringen mit einem Eimer, der an der Nock tief ins Wasser hängt. Sein Widerstand, jedesmal wenn das Schiff in die entgegengesetzte Richtung rollen will, wird ausreichen, um es geradezuhalten und die Bewegungen zu dämpfen.

Beim Ankerauf gehen kannst du den Bug bestimmen, auf dem du den Anker ausbrechen und unter Segel gehen wirst, indem du das Großsegel setzt und den Baum an der gewünschten Seite mit der Bullentalje querab holst. Du holst sozusagen das Großsegel gegen den von vorne wehenden Wind back. Daraufhin wird sich das Boot so lange drehen, bis der Wind deutlich von einer Seite kommt. Das kannst du noch durch ein backgeholtes Vorsegel unterstützen. Der ganze Zustand ähnelt dann dem Beiliegen. Während du den Anker aufholst, wird das Boot auf seinem Kurs liegenbleiben und unverzüglich Fahrt aufnehmen, sobald es seiner Fesseln ledig ist und die Schoten getrimmt werden.

Aber zurück nach Korshavn: Abends ruderten wir an Land und spazierten auf dem langen Strandweg hinaus zum Fyns Hoved. Ein dichter Wolkenschleier dämpfte die Sonne zu einer gelblichen Scheibe, die im Westen langsam tiefer sank. Der Wind war eingeschlafen. Träge plätscherte die flache Restdünung zu unseren Füßen auf den Strand. Auf dem schmalen steinigen Uferstreifen lagerten hier und da noch Badegäste, doch zum Kap hin wurde es einsamer. Dort stiegen wir auf einen Hügel, von dessen Kuppe aus wir über die ruhige graublaue See blickten, die sich im Westen, Norden und Osten bis an die diesige Kimm erstreckte. Nach Süden wellten sich knickdurchzogene Wiesen und Kornfelder. Wir saßen im Gras und hörten den Lerchen zu. Morgen wollten wir das Kap umrunden und an Fünens Ostküste hinunter nach Süden segeln.

Als ich einmal mitten in der Nacht erwachte und das Luk zurückschob, um die Ankerlampe zu kontrollieren, nieselte es. Der Wind wehte frisch aus SW. Bis jetzt hatten wir stets das Glück gehabt, nur nachts vom Regen belästigt zu werden. Dieser sah allerdings aus, als wollte er sich als anhaltender Landregen einrichten. Aber als wir morgens an Deck kamen, trockneten die Planken bereits wieder im Wind.

Um ein zentrales menschliches Thema anzuschneiden: Ich schaute mich um, suchte mir den Teil unseres Decks aus, der vom Ufer und von nahen Ankerliegern aus nicht einsehbar war, und hängte meinen Mors über die Reling. Da in Lee kein Badestrand und um uns die freie Natur war, konnte ich das verantworten. Die Firecrest besitzt kein Pumpklosett. Nach meiner Überzeugung hat mir das schon einen Haufen Ärger erspart. Ein Eimer, dezent unter einer Mahagoniplatte im Kartenraum, ist für Notfälle und für „kleine Mädchen". Ansonsten hängt sich Adam in den Klüverbaum oder in die Rüsteisen und erledigt sportlich, was sein muß. Im Hafen laufen wir zum Hafenklo – klar.

Im Wetterbericht zum Morgenkaffee sprach man vom Durchzug eines schwach ausgeprägten Tiefs, wie vorausgesagt. Lehrbuchmäßig würde der SW langsam rechtdrehen, bis wir ihn auf unserem Südkurs von achtern haben würden.

Als wir Wasser zum Abwaschen aufsetzten, erstarb die Primusflamme. Beim Auffüllen des leeren Tanks stellte ich fest, daß der Petroleumkanister fast leer war. Daraufhin nahm ich mir alle Lampen vor, Positionslampen, Kajütslampen, Ankerlampe und füllte sie voll, so daß alle für 24 Stunden einsatzfähig waren. Dann schüttelte ich den Kanister – leer . . . was das Anlaufen eines Hafens notwendig machte. Anker auf, Kurs Kerteminde!

Firecrest schob hoch am Wind lang: mit einem Bein kniete, mit dem anderen stand ich auf dem schrägen Deck und ließ die Ruderspeichen durch die Hände wandern. Bei jeder Wende mußten Ruder, Backstagen, Großschot, Fockschot und Klüverschot bedient werden. Erst wenn wir das Tonnenpaar draußen vor den Untiefen von Fyns Hoved erreicht hatten, konnten wir abfallen und die Sände hinter uns lassen. Mit viel Lage und gemächlicher Fahrt, wie sie der Firecrest an der Kreuz eigen ist, schoben wir uns durch die kurzen steilen Wellen.

Endlich passierten wir die rote Tonne. Gleich hinter ihr fielen wir nach steuerbord ab, und aus dem schaukeligen Voranstampfen wurde weiches Gleiten und Wiegen. Eine Viertelstunde später zog Fyns Hoved vorbei, und wir gingen auf NE-Kurs. Wir segelten jetzt platt vor dem Wind und sichteten bald die rote und die grüne Tonne südlich von Lillegrund. Wir brauchten uns nicht an die betonnte Durchfahrt zu halten, weil für uns auch südlich der roten Tonne noch genug Wassertiefe war. Wir machten eine Halse und passierten sie auf Ostkurs in einer Kabellänge Abstand an Backbord. Dahinter luvten wir an und segelten Südkurs, mit viel Lage hoch am Wind. Bald erreichten wir den Leeschutz der Halbinsel Hindsholm. Der Seegang ließ nach. Wir hatten Fyns Hoved umrundet. Auf der anderen Seite der Halbinsel sahen wir die Masten der Ankeranlieger in Korshavn, keine Meile entfernt, über die grünen Weiden und Knicks ragen.

Um uns die Zeit zu vertreiben, probierten wir durch verschiedene Segelstellungen ein Maximum an Fahrt herauszuholen. Indem wir die Fallen mehr durchsetzten, hier die Schoten dichter holten, da etwas fierten, optimierten wir die Aerodynamik des Riggs. Immer wieder loggten wir mit der selbstgebastelten altertümlichen Schlepplogge, die umständlich, aber sehr genau ist. Die Knoten hatte ich in Abständen von 10 Meridiantertien à 0,514 m angebracht abzüglich Slip, also alle fünf Meter ein Knoten. Wenn ein Knoten Fahrt einer Meridiantertie pro Sekunde entspricht, so mußten wir, um unsere Schiffsgeschwindigkeit zu messen, die Logge genau zehn Sekunden lang auslaufen lassen. Die Anzahl der Knoten, die sich in dieser Zeit von der Trommel abgespult hatten, entsprach dann der Fahrt. Womit gleich der Ursprung der Bezeichnung erklärt wäre.

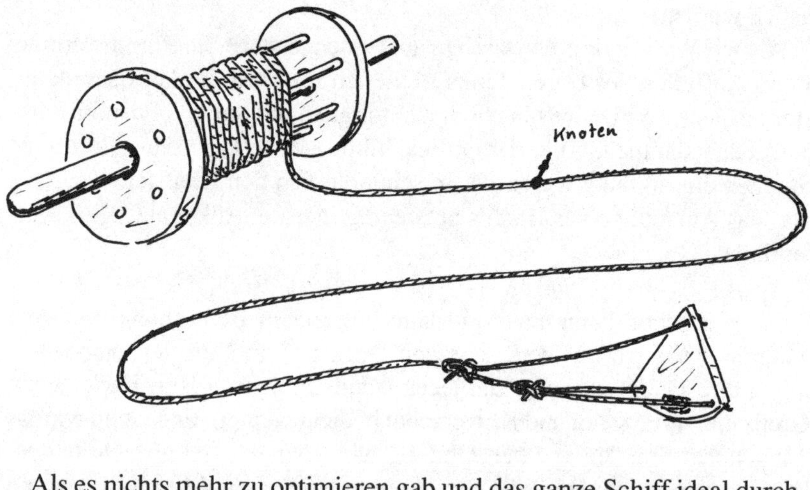

Als es nichts mehr zu optimieren gab und das ganze Schiff ideal durchgetrimmt war, überkam uns die Lust auf ein zweites Frühstück, und wir suchten nach einem geeigneten „Anker-Stopp“.

Auf halber Länge von Hindsholm liegt ein stumpfwinkliges Kap. Etwas nördlich davon erhebt sich an der Küste der Hügel Digerbanke. Weil der Grund an dieser Stelle steil abfällt, kann man hier sehr dicht unter Land segeln und in Lee des Hügels ruhiges Wasser zum Ankern finden. Da wir gerade dicht daran vorbei segelten, drehten wir die Firecrest kurz entschlossen in den Wind und warfen den Anker.

Wir ließen die Segel einfach lose an Deck liegen und zogen nur den Ankerball ins Fockstag. Dann brieten wir uns Eierpfannkuchen. Die einen füllten wir mit Käse und Salami, die anderen mit Honig und Marmelade, und dazu tranken wir eine große Kanne Kaffee.

Was gibt es Schöneres, als seine Kräfte mit einer freundlichen Natur zu messen und die Gelegenheit zum Ausruhen und Genießen zu ergreifen, wie es einem die Laune eingibt. Ohne den unvermeidlichen Abwasch wäre unser Glück vollkommen gewesen. Noch eine Pfeifenfüllung lang genossen wir die Ruhe in der Kajüte, dann zogen wir uns die Windjacken wieder über, hievten Anker und setzten die Reise fort.

Backbord voraus schälte sich Romsø aus dem Dunst, eine kleine bewaldete Insel. Hier ist das An-Land-gehen verboten. Nur Hirsche bevölkern das Eiland.

Dank unserer Ankerpause erlebten wir noch einen besonders schönen Augenblick: Wir standen dicht unter Stavres Hoved, dem bewaldeten Kap, hinter dem sich die Bucht von Kerteminde auftut. Wie die Firecrest so gemütlich am Wind dahinsegelte, glitt plötzlich ganz nahe hinter dem Kap eine große weißleuchtende Schonerbark hervor. Sie hatte die Segel schmetterlings vor dem Wind ausgebreitet und hielt hinaus in den Großen Belt. Viele gelbbejackte Gestalten winkten, als wir hinter ihrem Heck passierten. Den Namen habe ich vergessen – unwichtig – er stand für Segelromantik. Dann nahm uns der Schwell aus der tiefen Bucht in die wiegenden Arme, und die Knüppelei Richtung Kerteminde ging los. Aus der gelblichen Dunstschicht am westlichen Horizont sahen wir die großen Silos über die Dächer dieser hübschen kleinen Stadt ragen.

Erst zweieinhalb Stunden später standen wir vor der Hafeneinfahrt. Zweieinhalb Stunden für eine Luftlinie von drei Seemeilen – Firecrest hatte schon Besseres geleistet. Wir drehten bei und ließen uns treiben, während an Deck alles zum Einlaufen und Festmachen vorbereitet wurde. *„15.30 Uhr – Ende der Seereise, klar zum Einlaufen“* – schrieb ich ins Tagebuch.

Dann startete ich den Motor mit Hilfe der Anreißschnur. Er sprang an wie ein aufgezogenes Uhrwerk. Wozu hatte ich eigentlich den E-Starter? Mit halber Fahrt schoben wir uns zwischen die beiden scherenartig in die See greifenden Hafenmolen. Es kam leichter Gegenstrom aus der Einfahrt.

Der Handelshafen von Kerteminde ist gleichzeitig die Mündung des großen Kertinge Nor im Hinterland. Eine halbe Meile lang erstreckt sich rechter Hand vor den riesigen Kornsilos die Pier. Ein Frachter lud dort Getreide. Vor und hinter ihm kleine Yachten, dicke holländische Tjalken, ein Marineschnellboot. Gleich am Anfang der Pier im Schatten der Kornspeicher war noch ein Liegeplatz frei.

„Steuerbordseite wird Landseite!“ rief ich Herbert von achtern aus zu und: „Es wird knapp! Am besten, wir ziehen den Klüverbaum ein.“ Er zog den Querbolzen aus der Beting, zwei Griffe und wir waren um zwei Meter kürzer. Die Stagen, die auf die Klüverbaumnock führten, und das Wasserstag hingen in Girlanden herunter.

Mit geringer Fahrt, gerade ausreichend, um die Strömung auszugleichen, trieben wir schräg genau auf unsere „Parklücke“ zu. Die Fender waren alle an Steuerbord ausgebracht, und Herbert hatte über die Gummifender noch Autoreifen gehängt, denn die Pier, das sah man von hier, war schmutzig und voller rostiger Eisenschrauben. Leid tat es mir nur um die Angler, die an dieser Stelle ihre Schnüre ins Wasser gehängt hatten. Langsam und widerstrebend holten sie sie ein, als wir in den freien Liegeplatz hineinrutschten.

Herbert sprang mit der Vorleine an Land, und zwei Minuten später lagen wir gut und sicher vertäut. Da stand auch schon in Khakiuniform, mit neuem Fahrrad, der Hafenmeister und begrüßte uns freundlich. Er befestigte einen gelben Klebestreifen am Want zum Zeichen, daß wir bezahlt hatten. Übrigens kostet Handelsschiffspier ohne Stromanschluß an rostiger Spundwand genausoviel wie eine Gästebox in der großen Marina, die gleich auf der anderen Seite der Hafenmole beginnt. Nun, ich ziehe den Handelshafen vor – Geschmackssache.

Stell dir vor, du bist nach einem angespannten, lichtdurchfluteten und salzdurchdrungenen Segeltag in einen Hafen eingelaufen, hast sauber angelegt, alles aufgeklart, dein Deck zeigt ordentliche Seemannschaft, du sitzt auf dem Kajütsdach, eine Bierdose in der Hand – oder wie wär's zur Feier des Tages mit einem Glas, auf dem eine dicke weiße Bierblume schwimmt? – und Zufriedenheit und Entspannung durchströmen dich. Jetzt gibt es nichts Schöneres, als den einlaufenden Yachten beim Anlegen zuzusehen, den Mädchen nachzuschauen, die auf der Pier entlangschlendern, und sich auf das Abendessen zu freuen, das in der brutzelnden Pfanne langsam seiner Vollendung entgegenbrät. Heute hat dein Kamerad Kombüsendienst, und du läßt dich in gelassenes Nichtstun sinken, allenfalls, daß du entscheiden mußt, welche Tabakssorte du in deine Abendpfeife stopfen willst.

Plötzlich fährt ein Auto langsam an die Pier heran und hält dicht vor den Schiffen. Und nun läßt sich ein seltsames Phänomen beobachten, das mir bereits in vielen Hafenstädten der Welt aufgefallen ist. Der Motor verstummt, aber niemand steigt aus. Man dreht die Scheibe herunter und lehnt die Ellenbogen auf die Fensterrahmen. Butterbrote werden ausgewickelt, Apfelsinen geschält, Saftflaschen entkorkt. Man ißt, man trinkt, unterhält sich und betrachtet die Szenerie. Dann kommt ein zweites und ein drittes Auto, aber auch in diesen bleiben alle sitzen – wie im Autokino. Sie wollen gar nicht aussteigen und teilhaben am Geschehen, sie wollen nur schauen. Dabei erzählen sie, essen nebenbei, konsumieren das abendliche Hafentreiben wie eine Fernsehsendung mit dem Beigeschmack von Exotik und Fernweh.

Es ist die tief in ihnen wurzelnde Sehnsucht nach dem Weiten und Unbekannten, das hier beginnt. Aber die Sehnsucht ist schon soweit überwunden und überlagert von den Gewohnheiten und Engen des Alltags, daß es beim „Fern-sehen" bleibt. Traurig? – Nein! – Nicht jeder kann Befriedigung und Erfüllung hinter den Horizonten finden. Für die meisten liegt das Glück im Erreichbaren und in gleichbleibender Gewohnheit und Geborgenheit. Aber sehnen tun sie sich doch ein bißchen – unmerklich.

Da fiel mir ein, daß wir Petroleum kaufen mußten – zu spät! Hier ist Ladenschluß bereits um halb sechs. Morgen also . . . Zum Abendessen gab es Spiegeleier mit Speck auf Kartoffelmus. Danach machten wir uns landfein und schlenderten in die Stadt. Viele Segler bummelten durch die gemütlichen alten Gassen. Man erkennt sie. Irgendetwas an ihrer Kleidung oder Bewegung verrät, daß sie gerade von einem Boot kommen – ebenso wie bei uns!

Wir wollten telefonieren, ein Lebenszeichen geben, den weiteren Törnverlauf organisieren, denn Herberts Zeit lief ab. Ich erklärte ihm die Telefonzelle. Mit kleinen Unterschieden funktioniert sie wie bei uns. Abheben, Geld einwerfen, erst einmal nicht zuviel, denn es gibt keine Rückgabe. Zwei 25-Öre- Stücke genügen zum Durchwählen. Außerdem kann man Ein-Kronen- und Fünf-Kronen-Stücke einwerfen, alles durch denselben Schlitz. Dann wählen. Die Vorwahl von Deutschland ist 00949, dann die Vorwahl der Stadt ohne Null und anschließend die Telefonnummer. Problemlos kamen wir durch.

Beim Weiterspazieren zeigte ich auf zwei Prozellanhunde in einem Fenster, die blankpoliert schimmernd mit rassebewußten Blick die Passanten musterten. Es ist eine seltsame und amüsante Geschichte um diese Hunde. Ich verschweige hier, was es mit ihnen für eine Bewandtnis hat und warum man sie so oft auf den Fensterbrettern dänischer Wohnstuben bewundern kann. Doch der Leser sollte sich die Geschichte einmal von einem netten älteren Herrn erzählen lassen, der Dänemark noch von früher kennt. Und dabei achte man auf die nette ältere Dame in seiner Begleitung, denn sie wird schamhaft lächelnd zu Boden blicken und erröten. Ich leiste mir den Schabernack und hülle mich in Schweigen, denn ich bin diskret. Sicher wird der Leser dem Geheimnis dieser Hunde früher oder später selbst auf die Spur kommen.

Wir fanden schließlich eine gemütliche Gastwirtschaft, in der ein schöner großer Billardtisch stand. Wir ließen uns Queues geben und bestellten zwei „Tuborg".

...UND VORAUS LIEGT DIE "DÄNISCHE SÜDSEE"

Eine Anglerin am Morgen

Leeschutz beim Leuchtturm

Flautentörn nach Troense

Abschied von Herbert

Eine seltsame Sommernacht am Svendborg Sund

SONNABEND

Um zehn vor sechs klingelte der Wecker. Ich wühlte mich aus den Decken, streifte Hemd und Hose über und schob das Niedergangsluk zurück. In dem Moment setzte mein Herz einmal aus und drehte sich dabei halb in seiner Aufhängung: Die Morgensonne beschien das hübsche Gesicht und die schlanke Gestalt einer jungen Anglerin, die fünf Meter weiter auf der Pier saß und geduldig auf den kleinen grünen Schwimmer blinzelte, der unter ihr im Wasser trieb. Geht es dir manchmal auch so, daß du genau deinem Typ begegnest und dir das Herz im Halse schlägt? Was sollst du tun? Ansprechen? Aber was soll man sagen? So schnell fällt dir nichts ein.

Ich klemmte Waschzeug und Handtuch unter den Arm und schwang mich auf die Pier. Sie schaute unverwandt aufs Wasser. Und ich – naja – ich packte mein Bündel fester und ging an den Kornsilos vorbei zum Waschhaus. Bevor ich um die Ecke bog, schaute ich mich noch einmal um, und mein Blick traf den ihren . . .

Beim Rasieren im leeren Waschraum – Wer steht schon zehn vor sechs auf? Die ersten Wecker klingeln garantiert erst um sechs. – faßte ich den festen Entschluß, sie anzusprechen. Ich legte mir die Worte zurecht. Doch was sollte ich sagen? Alles würde dämlich klingen, so wie: „Na, schon was angebissen?“ oder „Schönes Wetter heute . . .“ Aber egal! Frisch rasiert, gewaschen und gekämmt ging ich zurück – sie war fort, der kleine Austin verschwunden – niemand angelte mehr neben der Firecrest! Erleichterung und Bedauern schaukelten in meinem Innern auf und ab. Wieder eine Chance verpaßt?

Das Leben ging weiter – beim Bäcker fragte ich nach einem Laden, in dem ich Petroleum kaufen konnte. „Petrolium“ mußte ich sagen. Natürlich beim Schiffshändler! Der öffnete erst um neun, also zurück an Bord!

Als ich mit Weißbrot und Kranzkuchen an Deck sprang, umspielte meine Nase eine Wolke von Kaffeeduft, die aus dem Vorluk dampfte. Unter Deck klapperten Teller und Tassen, und eben zischten die ersten Speckschnipsel in der Pfanne. Beim Frühstück erzählte ich Herbert von meiner Begegnung. Ja, er hatte sie noch gesehen. Nett, nicht sein Typ, aber nett.

„Ich habe mit ihr gesprochen.“

„Ach . . .?“ Ich muß ziemlich blöde geschaut haben. Herbert lachte.

„Ja, wir haben übers Angeln geredet und übers Wetter. Sie konnte sehr gut deutsch. Lernt man hier in der Schule. Ich habe von dir erzählt.“

„Von mir?“

„Ja, daß dir das Boot gehört. Sie mochte die Firecrest. Es war erstaunlich, wie gut wir uns unterhalten haben. Ein Wort gab das nächste. Sie mußte dann fahren. Irgendein Büro oder Laden, in dem sie arbeitet.“ So ist das Leben – was man sich selbst erträumt und nicht bekommt, kriegt der andere, dem es gar nichts bedeutet.

Ich zündete mir eine Pfeife an, holte den Petroleumkanister aus dem Farbenraum und trabte los. Beim Schiffshändler wurde gerade geöffnet. Dort füllte man mir freundlich den 10-Liter-Kanister für ein Drittel von dem, was Petroleum bei uns in Deutschland kostet. Ich bezahlte und warf beim Hinausgehen einen Blick durch die offenstehende Tür ins Büro hinter dem Laden. Da saß meine Anglerin über einen Aktenordner gebeugt und sortierte Papiere! . . . Ich wollte bleiben, aber meine Beine wanderten durch die Ladentür und über die Straßen zum Hafen.

Dort war alles klar zum Auslaufen. In den unvorhersehbaren Gezeiten zwischen Kertinge Nor und dem Großen Belt herrschte gerade Stauwasser. Leichter Westwind spielte mit dem Danebrog. Wir setzten Groß und Fock, warfen los und gaben uns mit dem Bootshaken einen kräftigen Stoß ins Fahrwasser. Ruder hart backbord, Großschot fieren, Fock dicht, und schon segelten wir mit achterlichem Wind langsam Kertinge abwärts.

Als wir die Molenköpfe passierten, verließ gleichzeitig eine ganze Armada von Segelyachten aller Größen den Yachthafen anderthalb Kabel nördlich von uns. Eins nach dem anderen liefen die Boote unter vollen Segeln aus der Einfahrt und alle ohne Nationalflagge: Es war wieder eine Regatta in Vorbereitung. Der hiesige Verein ist in dieser Beziehung sehr aktiv. Sogar in der Seekarte ist das Seegebiet vor dem Hafen als „Kapsejladsomrade“ gekennzeichnet. Mehr als einmal bin ich beim Ansteuern von Kerteminde in große Regattafelder hineingeraten.

Endlich bot sich die Gelegeheit: Die FIRECREST im Vergleichstest mit modernen Rennbooten! Aber wir hatten Pech. Man sammelte sich erst langwierig um das Zielschiff, und als der Startschuß fiel, waren wir schon weit weg. Doch auch so setzten wir alles, was wir hatten. West Stärke 4 als Backstagsbrise war die Erfüllung aller Wünsche. Die Sonne beschien eine blaue, leicht gekräuselte See, überall leuchteten bunte Spinnaker auf raumen Kursen oder weiße, stark überliegende Segel hart am Wind auf Gegenkurs. Die Sicht war heute viel besser, der Himmel nur leicht bewölkt, das Barometer stagnierte. Der Wind sollte auf NW drehen, hieß es im Wetterbericht. Was wollten wir mehr?

Backbord voraus, mitten im Belt, lag die Insel Sprogø am Horizont und an Steuerbord die Halbinsel Osterø mit dem großen Fährhafen Knudshoved. Dahinter öffnete sich der Nyborg Fjord. Schon von weitem sahen wir die großen schwarzen Fähren in voller Fahrt ein- und auslaufen. Sie fahren in kurzer Folge zwischen Nyborg und Knudshoved auf der einen und Korsør auf der anderen Seite hin und her und verbinden Seeland und die Hauptstadt Kopenhagen mit dem übrigen Dänemark.

Wenn du Knudshoved und den Ausgang zum Nyborg Fjord passierst, mußt du wirklich auf Draht sein! Die Fähren laufen mit hoher Geschwindigkeit. Ehe man sich versieht, sind sie da, und sie manövrieren unberechenbar, weil manche noch irgendwo vor der Einfahrt drehen müssen, ehe sie einlaufen können. Hier bei schlechter Sicht oder gar Flaute herumzutreiben, davon ist schlicht abzuraten.

Dicht vor Osterø luvten wir an und liefen mit Höchstfahrt möglichst nahe an der Einfahrt zum Fährhafen vorbei. Je näher an der Hafeneinfahrt, desto schmaler der Fährweg, den wir kreuzen mußten! Dann passierten wir Knudshoved mit seinem Leuchtturm und preschten quer über das Fahrwasser des Nyborg Fjords. Doch keine der altertümlich aussehenden großen Fähren kam uns zu nahe, und als wir die rot-weiße Ansteuerungstonne gut achteraus hatten, standen wir auf der „safe side“.

Als wir uns am südwestlichen Ufer des Fjords wieder der Küste näherten, hatte ich den Eindruck, daß der Wind langsam zunehmen würde. Außerdem schien er zurückzudrehen, denn als wir kurz vor dem kleinen

Hafen Lundeborg standen, mußten wir hart am Wind segeln. Es wurde immer böiger und kräftige Cumulanten türmten sich am Himmel.

Ich nahm den Flieger weg, aber das war immer noch zuviel. Das Topsegel runter! Kaum hatte ich es geborgen und weggestaut, drückte uns eine heulende Bö mit dem Schanzkleid tief in die Wellen, daß das Wasser über Deck schoß und wir uns festhalten mußten! Ein Reff ins Großsegel! Das ging schnell und war auch einhand leicht zu erledigen: Großschot etwas fieren, dann holte ich den Großbaum mit Hilfe der Refftalje zur hinteren Reffkausch hoch. Jetzt die Fallen fieren, bis ich die vordere Reffkausch herunterziehen und am Baumbeschlag in den Reffhaken einpicken konnte. Zuletzt die Fallen wieder durchsetzen, Großschot dichtholen, fertig! Wenn ich wollte, konnte ich jetzt das gereffte Tuch, das lose über dem Baum in den Faulenzern hing, in aller Ruhe mit den Reffbändseln zusammenbinden.

Mit Hartlage segelten wir an Lundeborg vorbei. Der Hafen war voll bis zur Einfahrt und nördlich und südlich lagen größere Boote vor Anker. Am Badestrand zu beiden Seiten des Hafens tummelten sich die Feriengäste. Da packte es uns zum zweiten Mal! Auch das gereffte Groß war noch zuviel, also ganz weg damit! – und mit unverminderter Fahrt, nur unter Fock und Klüver, jagten wir dahin. Die Baumwipfel an Land wurden wild geschüttelt, und grünes Laub wirbelte durch die Luft. Das Rauschen im Geäst drang bis zu uns, die See war weiß von Schaumkronen, und überall segelten die Boote mit gekürzten Segeln und starker Schräglage.

Der böig auffrischende Wind, die großen Cumuluswolken, die klare Luft mit der guten Sicht – was wir erlebten, war der Durchzug der Kaltfront des angesagten Tiefs. Eigentlich hätte der Wind nach aller Regel und der Wettervorhersage jetzt rechtdrehen müssen, auf Nordwest, aber er tat es nicht. Wäre jetzt das Barometer gefallen, hätten wir es einwandfrei mit den Vorboten eines Trogsturmes zu tun, aber es stagnierte. Ich glaubte, der Lösung auf der Spur zu sein: Mehrmals bin ich bei W bis NW zwischen Fünen und Langeland hindurchgesegelt, und oft wehte der Wind scheinbar regelwidrig aus südwestlicher Richtung. Ich habe den Eindruck, er folgt zuweilen im Bogen dem Svendborgsund und läßt sich dann von Langeland, das ihm schräg im Weg liegt, nach Norden ablenken.

Der Leuchtturm Elsehoved kam näher, ein richtiger Bilderbuchleuchtturm mit roter Bauchbinde auf einem Kap, das spitzwinklig in die See hinausragt. Es war früher Nachmittag, wir waren hungrig, an Essen kochen war jedoch bei diesem stürmischen Segeln nicht zu denken. Die geschützte lange Bucht nordöstlich des Leuchtturms war eine offene Einladung. Wir schlugen sie nicht aus.

Unter Fock und Klüver tasteten wir uns dicht unter Land, bis das Wasser flach und ruhig wurde und der Wind begann, in der Nähe der Bäume unruhig und turbulent zu werden. Dort warfen wir auf drei Meter Wassertiefe und Sandgrund den Anker und steckten 30 Meter Kette. Ankerball, Lotalarm über Bord, Segel klar zum Setzen ... Wir blickten uns um.

Wir lagen so sicher wie in einem Hafen, solange der Wind weiter aus westlicher Richtung blies. Hinter uns schäumte die offene See, auf der die Böen mittlerweile Stärke 8 erreichten. Die Fallböen rissen Wasserstaub empor und ließen uns mal zur einen, mal zur anderen Seite überkrängen. Die Szenerie war dramatisch, und wir beobachteten die FIRECREST eine Weile aus dem Cockpit.

Der Anker hielt und rührte sich keinen Zenitmeter. Beruhigt gingen wir unter Deck. Wir machten uns eine große Dose Bohnen heiß, schnitten Brühwurst hinein und spülten alles mit köstlichem Bier durch unsere ausgedörrten, salzigen Kehlen. Alle paar Minuten warf ich einen Blick nach draußen. Eindeutig Sturm, was da im Rigg heulte. Innerhalb einer Stunde hatte sich das Wetter gründlich geändert.

Wir können die Wetterentwicklung beobachten und aufgrund unserer Erfahrungen vorsichtige Prognosen machen. Aber eine wirkliche Voraussage ist nicht möglich. Dafür spielen zu viele Einflüsse eine Rolle, die gar nicht erfaßt oder gemessen werden können. Ich stellte mir vor, wie viele Familiensegler mit empfindlicher Crew an Bord jetzt einen nassen Kampf ausfechten mochten und die „Meteorolügen“ verfluchten, die doch ganz unschuldig an der unvermeidlichen Fehlerquote ihrer Voraussagen waren.

Wir beugten uns über den Kartentisch. „Was sind unsere Alternativen?“ fragte ich. „Zurück wollen wir nicht. Lundeborg ist knallvoll. Lohals ist Leegerwallhafen und scheidet aus, außerdem liegen die gefährlichen Gründe davor. Weiterlaufen und gegen Windstärke 8 zum Svendborgsund aufkreuzen ist etwas, das ich jetzt nicht versuchen möchte. Und Rudkøbing? Wenn wir die schmale Fahrrinne nicht anliegen können, sind wir Null Komma nichts gestrandet. Unser schwacher Motor nützt uns bei dem Wind gar nichts.“ „Also bleiben wir hier?“ „... und werfen den zweiten Anker. Ja!“

Wir machten den Stockanker klar, mit 10 Meter Kettenvorlauf und dicker Nylontrosse. Dann holten wir uns an den ersten Anker heran. Als nur noch ein paar Meter draußen waren, rief Herbert: „Wir treiben!“ Sofort warfen wir den Stockanker über die Seite und steckten für beide Anker Kette. Damit sich der Stockanker am Grund richtig herumdrehen und eingraben konnte, ließen wir die FIRECREST kräftig in die Trosse einrucken, während wir die Kette des anderen Ankers lose aussteckten. Schließlich hatten wir Kette und Trosse wieder auf etwa zehnfache Wassertiefe gesteckt und lagen so sicher, wie es unter diesen Umständen nur möglich war. Weit in Luv dümpelten nebeneinander die beiden Ankerbojen, die anzeigten, wo die Anker lagen.

Wir verkrochen uns unter Deck, nebelten uns ein, lasen und fühlten uns behaglich. Helle Lichtflecken pendelten und wanderten in der Kajüte umher, und Rauchschwaden wirbelten durch die Sonnenstrahlen. Draußen heulten die Böen.

Seit heute mittag zeigte das Barometer stetiges, langsames Steigen. Wenn wir davon ausgingen, daß die stärksten Böen einsetzten, wenn der Luftdruck zu steigen beginnt, durften wir langsam mit Wetterberuhigung rechnen.

Tatsächlich wehte abends, als die Sonne hinter den Bäumen und Hügeln verschwand, nur noch eine steife Brise. Wir hörten den Wetterbericht. Die Stationsmeldungen sprachen von böigen 5–6 aus W bis NW, die Vorhersage verkündete abnehmende und rückdrehende Winde, das Tief war durchgezogen. Unser kleiner Sturm schien eine örtlich begrenzte Erscheinung gewesen zu sein und wurde mit keinem Wort erwähnt.

Bei Sonnenuntergang streckte sich die See weit und ruhig zwischen den Horizonten. Wir lagen unter dem nahen Ufer in der Flaute. Nur draußen mochte es noch mit 2–3 Beaufort wehen.

Wieder hatten sich die Bedingungen geändert, und wir überlegten: Vorhin in den schweren Böen hatte unser ausgebrachtes doppeltes Ankergeschirr genau die richtige Haltekraft. Doch jetzt war es entschieden zu aufwendig. An sich ist doppelte Sicherung zwar beruhigend, aber laß nun den Wind plötzlich drehen! Firecrest würde herumschwoien und an den langen Ketten und Trossen in gefährliche Nähe des Flachwassers treiben. Dabei würden sich Kette und Trosse über Kreuz vertörnen, und wir würden Probleme bekommen, wenn wir unser schweres Geschirr plötzlich einholen müßten. Nein, zwei Anker waren jetzt zuviel!

Also holten wir den Stockanker wieder ein und hievten auch die Kette des Patentankers kürzer, auf etwa sechs- bis siebenfache Wassertiefe. Das sollte genügen! Bei dem Sturm, so waren wir übereingekommen, wollten wir abwechselnd Ankerwache gehen, doch die Lage hatte sich entspannt. Unser Lotalarm war völlig ausreichend. Sollte auflandiger Wind aufspringen, würde er auch ein Herumschwoien anzeigen. Außerdem habe ich an Bord immer einen leichten Schlaf. Die kleinste Veränderung der Geräusche oder der Schiffsbewegungen wird vom Unterbewußtsein sofort mit dem Kommando „Erwachen!“ quittiert, und mehr als einmal bin ich auch aufgewacht, und um mich dehnte sich unverändert das stille Meer, in dem sich der Mond spiegelte. Doch auf Booten mit größerer Besatzung ließ ich stets Ankerwache gehen, am besten sogar zu zweit, damit niemand unbemerkt über Bord fallen kann. Die Ankerwache hat die Order, Ausguck zu halten, die Ankerlampe zu kontrollieren, Peilungen zu nehmen und bei jeder Unregelmäßigkeit den Kapitän zu wecken, der selbst natürlich durchschläft. Denn im Notfall ist er derjenige, der ausgeruht sein muß.

Wir trimmten die Ankerlampe und rollten uns dann in die Decken. Über uns hinweg blinkte im 5-Sekunden-Takt der grüne Sektor des Leuchtturms in die Nacht und tauchte die Kajüte in gespenstisches Licht.

SONNTAG

Ich wachte auf, weil mein Arm eingeschlafen war. Ich tastete nach ihm und fand ihn über meinem Kopf, ein totes, schweres Stück Fleisch. Erschrocken, wie man dann immer wieder ist, richtete ich mich auf und begann, ihn zu schlenkern und zu kneten, bis schmerzhaft kribbelnd das Leben in ihn zurückströmte. Die Kajütsuhr zeigte auf fünf, und ich war hellwach. Ich stieg an Deck. Gerade hob sich die Sonne als grelle gelbe Scheibe über Langelands Nordspitze empor und warf eine gleißende Bahn über die reglose Meeresoberfläche. Das Wasser war klar und durchsichtig wie in einem Schwimmbecken. Senkrecht hing die Kette auf den Sandboden hinab und wand sich in geschwungenen Kurven in die Richtung der unbeweglichen Ankerboje.

Mit Taucherbrille und Flossen kletterte ich über die Badeleiter vorsichtig ins morgenkalte Wasser. Ich ließ mich hinabsinken auf den hellen Grund und schaute hinauf auf den walfischartigen rotbraunen Bootskörper mit der seitlich herausragenden grünkorrodierten Schiffsschraube. Ich tauchte zum Anker. Der hatte sich vollkommen in den Grund gezogen, die Kette verschwand einfach im feingerippten Sand. Ich griff mir den Schrubber von Deck und begann, den grünen Algenschleim vom Unterwasserschiff abzuschrubben, eine anstrengende Arbeit zu einer Zeit, in der die meisten Segler noch behaglich die Koje belegten.

Plötzlich hörte ich empörtes Rufen. Ich hob den Kopf aus dem Wasser, blickte nach oben und sah durchs Fenster meiner Taucherbrille Herberts verdutztes Gesicht, triefend vor Nässe. Als er sich schlaftrunken über die Kante beugte, um nach der Ursache des Schnaufens und Kratzens an der Außenhaut zu sehen, hatte ich ihm beim Ausblasen des Schnorchels eine volle Ladung ins Gesicht gepustet. Jetzt war er wach.

Nachdem das Unterwasserschiff sauber und ich halb erfroren war, wusch ich mir im Cockpit die Haare mit Spülmittel – jawohl, denn es schäumt gut in Seewasser und soll ja auch für zarte Hausfrauenhände das richtige sein. Man sollte nur ordentlich mit Frischwasser nachspülen.

Weil ich gerade dabei war, schrubbte ich auch gleich Deck und Aufbauten und machte alles gründlich naß. Als Nächstes kamen die alten Klamotten dran. Sie wurden ebenfalls in Spülmittel und Seewasser eingeweicht, mit Frischwasser ausgewrungen und zum Trocknen in die Morgensonne gehängt. Dann gab es endlich Frühstück.

Aber soviel Zeit wir uns auch ließen – Wind wollte nicht aufkommen. „Alles totenstill!“ sagte Herbert. „Never mind: Laß uns an Land rudern und einen Sonntagsspaziergang machen!“

Auf der Anhöhe unter dem Leuchtturm legten wir uns ins Gras und blickten über die See. Einige Meilen im Süden war das Wasser von stumpfblauer Farbe, scharf abgesetzt vom spiegelnden Silbergrau hier unter der Küste. „Dort ist Wind“, sagte ich und reichte Herbert das Glas. „Hoffentlich kommt er zu uns. Heute abend steht Ludolf in Troense am Kai.“ Morgen lief Herberts selbstgewährter Urlaub ab, und so sollte ein anderer meiner Freunde heute abend zu uns stoßen, um an seiner Stelle anzumustern. In Troense am Svendborgsund hatten wir uns verabredet.

„Wir haben noch Zeit. Vielleicht setzt die Brise sich durch. Außerdem weiß Ludolf, daß wir uns nach dem Wetter richten müssen.“ Ich streckte mich auf dem Gras aus und schloß die Augen. Auch durch die geschlossenen Lider drang die Helligkeit des Himmels. Im Innern des Auges war alles hellrot.

Ich mochte eingenickt sein, als Herbert mich plötzlich am Arm rüttelte. Ich blinzelte und sah, wie er nach oben zeigte. Da hörte ich leises Flüstern und Raunen über uns im Geäst. Wind! Die spiegelnde Wasserfläche dehnte sich wie vordem, doch oben in der Höhe zitterten die Blätter, und die Luft kam in Bewegung. Nichts wie an Bord!

Wir holten das Dingi an Deck, machten die Segel los und hievten den Anker. Am Rauchwölkchen eines angerissenen Streichholzes sahen wir, daß die Luft nach Süden floß. Wir setzten alle Segel. Ganz langsam, Zentimeter um Zentimeter, kam die Firecrest in Fahrt. Wir baumten die Fock und den großen Flieger aus und spreizten den Großbaum mit der Bullentalje quer. In Schmetterlingstellung hingen die Segel schlaff in den Lieken. Aber wir machten merkliche Fahrt.

Wir loggten 1,5 Meter in 10 Sekunden: 0,3 Knoten liefen wir, warfen eine millimeterhohe Bugwelle und zogen als Kielwasser feine Schlieren hinterher. Die tellergroßen Quallen, die gleichmäßig verteilt durch den flüssigen Raum schwebten, blieben langsam zurück, eine nach der anderen. „Sie haben gegen uns keine Chance." bemerkte Herbert treffend.

Doch der ferne Windstrich voraus blieb vorerst, wo er war. Die Sonne stand schon hoch, als sich die faltigen Segel zu regen begannen und leises Plätschern am Vorsteven verriet, daß wir Fahrt aufnahmen. Um uns herum sahen wir dunkle Windschatten wie Katzenpfoten über das Wasser ziehen. Schließlich machten wir anderthalb Knoten.

Langsam näherten wir uns dem Windgebiet, das immer noch dunkel abgesetzt voraus zu erkennen war. Einige Segelboote unter Spinnaker kamen uns aus der Ferne entgegen. Seltsam . . . ich setzte das Glas an die Augen. Es bestand kein Zweifel: Das nächste Segelboot mochte keine Meile entfernt sein, und dennoch wehte der Wind dort, an der Segelstellung erkennbar, aus der entgegengesetzten Richtung.

Ein hochinteressantes Schauspiel begann: Das fremde Boot passierte die Grenzlinie des Windes. Der Spinnaker fiel ein, kam back und drückte von vorn gegen die Stagen. Das Großsegel schwang mittschiffs, killte. Jetzt drehte das Boot nach steuerbord, der Rudergänger versuchte abzufallen. Aber es war nicht der Wind, der die Segel backschlug. Der wehte erst hundert Meter weiter. Es war ihr eigener Fahrtwind, der in dem Flautenloch so lange von vorne kam, wie sie noch Fahrt machten. Als der Mann am Ruder seinen Fehler bemerkte und wieder auf alten Kurs ging, war es zu spät. Durch die beiden Kursänderungen hatte das Schiff alle Fahrt verloren und trieb hilflos in der Flaute. Nur einige zehn Meter hinter ihm wehte der Wind noch mit 1–2 Beaufort und kräuselte das Wasser.

Auch wir näherten uns jetzt dem Stillegebiet, wo die beiden entgegengesetzten Winde zusammenstießen und nach oben auswichen (das war jedenfalls meine Theorie, denn wo sollte die Luft sonst hin?), als unsere

Segel plötzlich schlaff herunterhingen und backgedrückt wurden. Sofort schoteten wir die Segel mittschiffs. Gleichzeitig versuchten wir, keinen Zentimeter vom Kurs abzuweichen. Wir hofften, mit der Restfahrt durch das Flautenloch hindurchzukommen. Immer langsamer werdend, trieben wir an dem anderen Boot vorbei, einer großen, schnellen Segelyacht unter deutscher Flagge. Die Besatzung wunderte sich nicht, warum sie festlag und wir vorankamen. Man hatte die Situation analysiert. Der Spinnaker wurde zusammengelegt und statt dessen die Genua gesetzt. Sie hatten uns beobachtet und wußten: für sie ging es jetzt am Wind weiter.

„Was habt ihr mit dem Wind gemacht?" riefen sie herüber. „Unseren könnt ihr gern haben! Wir holen jetzt euren!" antworteten wir. Soll ich es zugeben? Wir fühlten Schadenfreude. Und wir hatten Glück! Die Massenträgheit der schweren Firecrest zog uns durch den Flautengürtel hindurch. Ganz unheimlich und fremdartig hörten wir Wasser und Wind vor uns flüstern und plätschern, ehe wir den Rand des Windgebietes erreichten. Die Vorsegel killten, der große leichte Flieger füllte sich, die Firecrest fiel ab und nahm hoch am Wind Fahrt auf. Reiner Südwest mit 2 Beaufort trieb uns gleichmäßig voran.

In gemütlichen langen Schlägen kreuzten wir den Nachmittag hindurch auf den Eingang des Svendborgsundes zu. Mit dem letzten langen Schlag konnten wir Schloß Valdemar anliegen, das sommerlich heiter zwischen seinen alten Parkbäumen am Ufer lag. Wir hatten den Sund erreicht. Hinter der Middelgrund-Tonne brauchten wir nur noch abzufallen und uns unter die vielen ein- und auslaufenden Fahrzeuge zu mischen. Am Kielwasser der ersten Tonne sahen wir, daß Weststrom setzte, also Strom nach Westen. Nachdem der starke Westwind nachgelassen hatte, schwappte jetzt das zuvor nach Osten gedrückte Wasser zurück.

Mitlaufender Strom bringt einen gut voran, aber er schwächt die Manövrierfähigkeit. Das Boot braucht länger, um auf Ruderlagen zu reagieren, dreht träge, obwohl die Tonnen und entgegenkommende Boote schnell heran sind.

Wir machten den Anker klar, und ich öffnete das Kühlwasserventil, um den Motor jederzeit starten zu können. Langsam und würdevoll glitten wir über die lieblichen Gestade des Svendborgsundes. Schöne alte Häuser lagen unter großen Bäumen dicht am Wasser, im Garten der Flaggenmast mit dem Danebrog, am Ufer vertäut an einer kleinen Anlegebrücke oder ein paar Pfählen das Boot des Besitzers. Nahe an Backbord passierte uns der alte hölzerne Sunddampfer, voller fröhlich winkender Kinder und junger Mädchen in wehenden Sommerkleidern.

Der Sund machte einen Knick nach Westen, und wir mußten anluven. Auch der Wind hatte, dem Lauf des Sundes folgend, etwas nach West gedreht. Wir konnten das Fahrwasser nicht mehr anliegen. Also kreuzten wir, geschoben vom Strom, gegen den Wind. Backbord voraus, am Ufer der Insel Tåsinge, verbarg sich hinter grünen Bäumen die Stadt Troense. An der alten Werftbrücke lagen halbaufgetakelte alte Frachtschoner vertäut, die hier restauriert und zu Yachten umgebaut wurden. Der Bug einer alten Motoryacht ragte aus dem schwarzen kleinen Schwimmdock, dem man an seiner skurrilen Filigranverstrebung und den großen freiliegenden Zahnradtrieben ansah, daß es wirklich das älteste Schwimmdock sein mußte, das noch in Betrieb war. Hinter der Werft schob sich der kleine Yachthafen hervor, und rechts dahinter in der Bucht lagen viele Boote außerhalb des Fahrwassers vor Anker. Dort war unser Ziel.

Auf dem letzten Schlag mußte wieder ein Haufen Arbeit in großer Geschwindigkeit erledigt werden. Herbert stand am Rad und hielt zwischen den Ankerliegern hindurch, und ich begann an Deck mit den Turnübungen. Der Flieger fiel in großen Falten auf den Klüverbaum, das Topsegel sauste an Deck – schnell ins Dingi gestopft, die Fock fiel – zur Seite damit in den Wassergraben, um das Spill freizubekommen, Herbert mit Handzeichen auf eine freie Wasserfläche lotsen, Klüver bergen. Die Großfallen sind vertörnt! – Schnell klarieren! „Jetzt!“ Herbert wirbelt das Rad, die Yacht schwingt in den Wind, steht, treibt langsam zurück und quer, Anker weg und Kette stecken, festhalten, wieder stecken, Großfallen wegfieren, der Lappen kommt runter, Herbert holt die Schot dicht. Das Schiff hat sich jetzt 20 Meter Kette rausgezogen, festhalten! FIRECREST törnt ein auf 3 Meter Wassertiefe. Wir stehen im Wuling an Deck, und ich wische mir übers Gesicht. Es ist ein heißer Nachmittag, hier in Landnähe. Wir ziehen den Ankerball ins Klüverstag und beginnen, aufzuklaren . . .

Als wir langsam zur Ruhe kamen, meldete sich unser Bärenhunger. Es war jetzt später Nachmittag, und außer dänischen Butterkeksen und Tee hatten wir seit heute morgen nichts mehr zu uns genommen. Zum Abschied gab es schließlich noch einmal eine Riesenportion Spaghetti mit Butter und Parmesankäse. Dann rauchten wir eine letzte Pfeife zusammen und ließen unseren gemeinsamen Törn Revue passieren.

Als Herbert begannn, seine Sachen zu packen, ging ich an Deck und spähte mit dem Feldstecher an Land. Ein Motorboot kam auf uns zu. Der blonde Schopf darin kam mir bekannt vor. Tatsächlich! Der Organisator Ludolf hatte sich ein Boot beschafft und ließ sich zu uns übersetzen. Ich lachte, und Herbert steckte den Kopf aus dem Luk, um nachzusehen, was es gab. Ludolf winkte uns zu, und eine Minute später stand er an Deck, und wir begrüßten uns.

Die Wiedersehensfreude war groß. Ludolf erzählte, daß alles wie verabredet geklappt hätte. Er hätte Herberts Wagen abgeholt und sei über Kiel mit der Fähre nach Bagenkop gefahren. Von dort über die Hochbrücke zur Insel Tåsinge war es nur noch ein Katzensprung.

„Vor einer halben Stunde bin ich angekommen. Aber wenn du heute noch mit der Fähre zurückfahren willst, ist es wahrscheinlich zu spät“, sagte er. „Das macht nichts“, meinte Herbert. „Ich will sowieso über Fåborg fahren, um den Pfeifenmacher am Hafen zu besuchen. Er hatte damals geschlossen.“

Herbert entschied, schon heute abend zu fahren. Er wollte in Fåborg übernachten, morgen früh in aller Ruhe beim Pfeifenmacher reinschauen und dann mit der Fähre nach Gelting übersetzen. Das Angebot, noch eine Nacht an Bord zu verbringen, lehnte er dankend ab. Es würde morgen früh zu hektisch werden, und er würde den Vormittag in Fåborg nicht so gelassen genießen können. Das verstanden wir gut. Also riefen wir das Motorboot wieder heran und ließen uns alle gemeinsam übersetzen. Damit Ludolf und ich nachher wieder an Bord konnten, nahmen wir das Beiboot in Schlepp.

Das elegante Motorboot wurde von einem halbwüchsigen Dänen gesteuert, der sich über Ludolfs Trinkgeld freute. Während der Überfahrt saß ich auf der Rückbank und konnte meine beiden Freunde betrachten. Sie bildeten einen interessanten Gegensatz: Herbert – in legerer bequemer Kleidung, souverän, gelassen in sich ruhend, mit scharfem analytischem Verstand und unkonventioneller Lebensanschauung. Ludolf, der jüngere, elegant in Kleidung und Aussehen, sportlich, ein begabter Organisator und dynamischer Geschäftsmann, platzend vor lebensfroher Intelligenz. So unterschiedlich ihre Charaktere waren, würden sich auch Charakter und Stimmung des weiteren Reiseverlaufs ändern. Mit Ludolf hatte ich andere Gemeinsamkeiten als mit Herbert, und wenn ich mich jetzt auf den weiteren Verlauf der Reise freute, dann auch darauf, zur Abwechslung wieder einmal andere Seiten in mir selbst anspielen zu können.

Der Abschied von Herbert war kurz, wie er unter Freunden sein muß: „auf bald“, und ehe wir Zurückbleibenden uns versahen, war er winkend davongebraust.

Wir standen auf der Pier und überlegten, wohin mit dem angebrochenen Abend. Ludolfs ausgesprochener Wunsch war es, bei mir an Bord endlich von allem weg zu kommen, weg von Telefon, Verabredungen, Geschäften, weg von der Zivilisation und „frei wie der Wind“ nur Wasser sehen, einsame Küsten, Inseln und Seevögel und allenfalls urige Fischerdörfer. Nun – ich war mir da nicht ganz so sicher. Das konnte er alles haben. Aber wir hatten Sommer und Dänemarks Gestade lagen voller süßer Mädchen. Das war die Schwachstelle in der Planung. Wir würden sehen ...

Als wir nachher im Cockpit saßen und der Sonne beim Tiefersinken zusahen, mixte Ludolf uns zwei „Pina Colada“, eisgekühlt. Jaja, er hatte alle Zutaten in der Kühltasche mitgebracht: Rum, Kokoscreme, Ananassaft nebst 5 Kilo Eiswürfeln. Ich genoß diesen köstlichen Luxus an Bord meines spartanischen Liners in kleinen Schlucken, als näherkommendes Motorengebrumm ankündigte, was kommen mußte: Mit gischtender Bugwelle umkreiste uns das Motorboot mit dem Jungen, der uns vorhin übergesetzt hatte, und darin drei Mädchen, hübsche junge Däninnen, wie sich herausstellte, eine schwarz, eine blond, eine dunkelblond. „Wo ist denn euer Freund?“ riefen sie und lachten. „Er ist fortgefahren, nach Deutschland!“ Das fanden sie aber schade. Wie bedauerten wir da den Herbert!

Die Mädchen waren ungeheuer aufgekratzt und ohne Zurückhaltung, dabei lustig und sehr charmant. Es stellte sich heraus, daß alle vier von einer Strandfete kamen, die gerade bei Valdemars Schloß begann, und prüfen wollten, ob wir einer Einladung würdig seien. Wir waren!

Bei brausender Fahrt mit dem flachen Boot über alle Untiefen hinweg, angenehm eng zusammengedrückt mit den fröhlichen Mädchen, erkannte ich, daß sie alle schon einen kleinen Schwips hatten. Ihre Strandkleider waren von elegantem Schnitt. Mir schwante es . . . Und wirklich! Von Ludolfs gewünschtem Kontrastprogramm konnte zunächst keine Rede sein. Als wir an der Anlegebrücke vorm Schloßpark ausstiegen, wurden wir von einer Gesellschaft schicker und exzentrisch-uniformer Gäste mit Hallo begrüßt. Alles war so ähnlich, wie ich es schon so oft auf Ludolfs Parties erlebt hatte. Ich freute mich über die Abwechslung, aber der Arme hatte wieder exakt das bekommen, was er eigentlich in seinen Ferien vermeiden wollte.

Seltsame Umstände schienen schicksalhaft meinen Freund am Ausbruch aus der sonst von ihm bevorzugten Lebensweise hindern zu wollen. Sie bewirkten, daß wir weder am Sonntagabend noch am Montagmorgen, sondern erst am Dienstagmorgen an Bord der Firecrest zurückkehrten. Der Leser möge mir verzeihen, wenn ihm die Beschreibung der folgenden Ereignisse skurril und verwirrend vorkommt, es geht ihm nicht anders als mir, der ich sie erlebte.

Schuld daran mochte diese verflixte Bowle gewesen sein. Ich fand nicht heraus, was ihre Ingredienzen waren, aber sie schmeckte höllisch gut, sehr exotisch, nach Mango, Kokosmilch, Rum, Kadermom . . . ich weiß nicht, wonach sonst noch. Das Getränk erinnerte mich an den „Mai-Tai“-Cocktail, der in der Papeete-Bar im Waikiki-Hotel in Honululu ausgeschenkt wird. Fünf Stunden Liegezeit standen damals zur Verfügung, und während uns die Stauerei einige Dutzend Kühlcontainer Ananas in die Ladeluken hievte, wanderten mein Kapitän und ich zwischen Palmen und Hotelhochhäusern zur Papeete-Bar und betranken uns göttlich mit „Mai-Tai“-Cocktails, während der Passat im Palmblätterdach raschelte und 50 Meter entfernt die Brandung auf den berühmten Strand polterte.

Aber heute mußte noch etwas anderes in der Bowle gewesen sein. Als ich das zweite Glas getrunken hatte, machte sich in meinen Beinen ein seltsames Gefühl bemerkbar. Ich empfand, daß ihnen die Last des Körpers genommen sei. Ich bildete mir ein, wohl etwas beschwipst, aber sonst bei vollkommen klarem Bewußtsein zu sein. Nur hatte ich nicht mehr die Kontrolle über meine Beine und Füße. Sie hingen unbeteiligt unter meinem Oberkörper, und wenn ich mich von der Kante des unter den Parkbäumen aufgestellten kalten Büffets abstieß und auf den etwas entfernt aufgebauten Bartresen zudriftete, liefen sie folgsam mit, nur um nicht über das Gras hinterherzuschleifen.

Ich hatte immer noch nicht herausgefunden, um welch seltsames Sommerfest es sich hier handelte. Auch die beiden grauhaarigen Herren, die ich deshalb ansprach, der eine im Frack mit grünschillernden Elfenfühlern auf der Stirn, der andere in römischer Toga mit roter Fliege, waren viel zu sehr in ihr Gespräch über die Bedeutung des substantiellen Realismus in den Werken Umberto Basilikons vertieft, um auf mich zu achten.

Ich hörte ihnen eine Weile gläubig nickend zu, ohne ein Wort zu verstehen. Dann stieß ich mich von der Schulter des Römers ab, um den Raum in Richtung Ludolf zu durchqueren, den ich, in ein Gespräch vertieft, mit einer schönen Ägypterin entdeckt hatte, der eine Schlange voller Behagen über den Busen kroch. Aber ich hatte meine Flugbahn falsch berechnet, vielleicht die Reibung meiner Füße am Erdboden vernachlässigt, jedenfalls prallte ich gegen eine dicke, in einen weiten Brokatvorhang gehüllte Dame, die auf einen vorbeieilenden Ober fiel.

Ich driftete, eine Entschuldigung murmelnd, in neuer Richtung weiter, ohne ihnen helfen zu können, und kam, weil es etwas bergauf ging, vor der großen Bowlenterrine zur Ruhe. Der Barmann schenkte mir das dritte Glas ein, als sich von hinten eine schlanke Hand um meine Taille legte und das Antlitz der schwarzhaarigen Schönen aus dem Motorboot mein Glas verdeckte. Sie lächelte und ihre langen weißen Fangzähne blinkten im Schein der flackernden Windlichter. Sie nahm mich bei der Hand und zog mich davon wie einen Luftballon, gerade daß ich noch mein Glas mitnehmen konnte.

Während ich hinter ihr hertrieb, leerte ich das Glas, und der Auftrieb, der meine Beine ihres mühsamen Dienstes enthob, nahm auf angenehme Weise zu. Die Umgebung wurde fremdartig, die Stimmen der Partygäste wurden leiser, und die Windlichter erloschen.

Dann erinnere ich mich an einen Raum voller alter Möbel und Gerümpel. Die Strahlen des Mondes fielen durch die zerborstenen Scheiben des kuppelförmigen gläsernen Daches und erfüllten den Raum mit bläulichem Aquarienlicht. Ich lag weich auf dem Rücken im Mondschatten großer durchlöcherter Blätter, und das schöne schwarzhaarige Mädchen beugte sich über mich. Sie drückte ihren rosenblättrigen Mund auf meinen, und es störte mich gar nicht, daß sie pelzige Katzenohren hatte.

MONTAG

Als ich wieder zu mir kam, lag ich in einer Badewanne. Durch die raschelnden Papyrusstengel im offenen Fenster fiel helles Sonnenlicht. Die Tür hinter dem altertümlichen Badeofen öffnete sich, und es trat ein meine seltsame Freundin von gestern nacht. Jetzt sah sie ganz normal aus in ihrem weiten schwarzen Bademantel und den lang herabhängenden schwarzen Haaren, von Katzenohren keine Spur, und auch die Zähne waren normal, als sie lächelte. „Ich bin Lene“, sagte sie auf Deutsch. „Julius, angenehm . . .!“ erwiderte ich und richtete mich halb in der Wanne auf, doch mit einem Stöhnen sank ich zurück, weil mein Kopf bei der plötzlichen Lageänderung fast zerspringen wollte. „Wo bin ich eigentlich?“ fragte ich. „Bei uns zu Hause“, antwortete sie und begann geschickt, meinen Nacken zu massieren.

Als sie mich allein gelassen hatte und ich mich vor dem altertümlichen Waschtisch mit fremdem Rasierschaum rasierte, fiel mir die FIRECREST ein. Ich schaute aus dem Fenster. Die Baumkrone, die jede Aussicht versperrte, stand ruhig, und der Wind flüsterte in den Zweigen. Das Wetter hielt sich . . . FIRECREST lag sicher vor Anker, wir hatten den Niedergang abgeschlossen, und die Seeventile waren dicht. Ich war beruhigt. Doch wo mochte Ludolf jetzt stecken? An Bord? Ich hatte den Bootsschlüssel. Nur – wo waren meine Sachen? Wir würden sehen . . . Ein seltsames Abenteuer!

Im geliehenen Bademantel, weit und bequem, mit Hausschuhen an den Füßen ging ich „die Treppe runter und immer geradeaus . . . wir sind im Wintergarten“ über knarrende Dielenfußböden durch ein dämmriges weitläufiges Haus. Es schien mir ein wenig vernachlässigt. Überall rankten grüne Pflanzen und schienen jeden eindringenden Lichtstrahl durch ihre

Blätter zu filtern. Seltsame dunkle Bilder hingen im Treppenhaus, auf denen zerbrochenes Spielzeug, Flammen und schmelzende Zinnsoldaten zu sehen waren. In der Ferne hörte ich heitere Stimmen. Am Ende des Flurs wurde es hell. Neugierig trat ich durch die Glastür in einen weiten lichten Raum, den Wintergarten.

An einem großen runden Frühstückstisch saßen Lene, dann das Mädchen, das ich als die schöne Ägypterin von gestern erkannte – und Ludolf. „Alter Knabe! Was machst du denn hier?" Wir lachten. Er sah leicht angeschlagen aus, wie ich. Die Mädchen lachten auch. „Gestatten, Julius." Ich stellte mich der Ägypterin vor. Aus irgendeinem Grunde benutzte ich meinen zweiten Vornamen. „Das ist Haydee", sagte Lene. „Heidi?" „Haydee! Sie ist Perserin." „Ah, sehr angenehm!" Ich ironisierte steife Manieren, um zu überspielen, daß ich immer noch keine Ahnung hatte, was los war. Ich setzte mich und fuhr im selben Moment erschrocken wieder auf, denn neben mir auf einem freien Stuhl lag zusammengerollt eine kleine bunte Schlange – dieselbe, die sich gestern auf Haydees Busen gewunden hatte. „Ach – das ist Uti. Sie ist harmlos." sagte Haydee und nahm das Tier auf, das sich entrollte und in den Falten ihres weiten seidenen Morgenmantels verschwand. Ludolf blickte sie etwas betreten an. Also war doch nicht alles Dilirium – die Schlange war echt!

Liebevoll goß mir Lene Kaffee ein und strich mir ein Brötchen mit einer grünlichen, bittersüßen Marmelade. Ich schaute mich um. Man konnte kaum aus den Scheiben sehen, weil die drei Glasfronten übermannshoch von eigenartigen fingerblättrigen Pflanzen zugewuchert waren. Wir saßen wie im Dschungel – überall Grün!

Zwei Topfpalmen flankierten eine Glastür, die in einen verwilderten Garten führte, dessen Grenzen von meinem Sitzplatz aus nicht zu sehen waren. Daneben in Töpfen und Bottichen hohe Gräser, Stauden, rankende Philodendren, zwischen deren Zweigen große Spinnen ihre Netze gewoben hatten, und in hängenden Behältern im Schattem der Blätter Orchideen und bunte Blüten, die klebrig und giftig aussahen – wir waren wirklich in der „Dänischen Südsee"! Tatsächlich entdeckte ich auf einem Zweig ein Chamäleon, reglos, wie festgewachsen. Und in einer schattigen Ecke ein Regal mit Glasbehältern, in denen eigenartige Pflanzenteile und getrocknete Kräuter aufbewahrt wurden, und darunter eine Kiste voller Erde, aus der kleine, weiße, fast durchsichtige Pilze hervorwuchsen.

Mit Appetit aß ich von dem reichhaltigen Frühstück und schaute Lene in die lächelnden Augen. Ich begann, mich sehr wohl zu fühlen. Die Kopfschmerzen waren verschwunden. Ludolf schien es ähnlich zu gehen. Sehr weit weg war die Firecrest, die da draußen irgendwo an ihrer Kette schwoite.

Ich wollte gerade vorsichtig nach meinen Sachen fragen, als ich im Garten eine Wäscheleine bemerkte, an der unverkennbar unsere nassen

Klamotten hingen. Wir waren gewissermaßen Gefangene, bis unsere Sachen trocken waren. Ein seltsames Hexenhaus, in das wir da geraten waren. Von anderen Bewohnern war nichts zu sehen. Die Mädchen sagten nicht viel, es gab wohl Sprachschwierigkeiten, und auch wir waren nicht zum Reden aufgelegt – was ungewöhnlich war nach dieser Nacht, aber was war hier normal?

Große Ruhe überkam mich und ein angenehmes Schlafbedürfnis. Da es den anderen ebenso erging, fanden wir uns bald im Garten im Schatten alter Bäume in einer Hängematte wieder, die so gewaltig war, daß mehr als vier Personen in ihr Platz gehabt hätten. Wie auf einem großen fliegenden Teppich verträumten wir hier den Tag. Zuweilen ging eines der Mädchen ins Haus und holte irgendeine Erfrischung oder eine Köstlichkeit zu essen, und ich erinnere mich noch an den kalten, säuerlichen Früchtetee, der wunderbar erfrischte, denn es war ein heißer Sommertag. Dann schlief ich wieder ein.

Als ich zuletzt erwachte, war die helle nordische Nacht angebrochen, und der Mond schickte seine Strahlen durchs Geäst. Ludolf und Haydee waren verschwunden. „Komm ins Haus“, sagte Lene, „schlafengehen. Morgen früh bringen wir euch zum Boot.“

"SÜDSEE-SEGELN"

Riffnavigation
Eine Blamage
Sommernebel

DIENSTAG

Als man uns an Bord absetzte, waren wir ausgeruht und guter Dinge. Ein neuer unbeschwerter Sommertag lockte, die Morgensonne trocknete den Tau von Deck, und mir war gar nicht, als befände ich mich mitten auf einem Segeltörn. Vielmehr fühlte ich mich, als hätten die großen Ferien gerade begonnen. Ein seltsamer Eindruck, an Bord alle Anzeichen vorzufinden, daß die Reise bereits länger andauerte. Die Kajütsuhr zeigte acht vorbei. Schleunigst machten wir seeklar. Es wehte leichter West, wie vorgestern abend. Der nächste Wetterbericht war erst um 09.40 Uhr fällig. Im Moment waren wir ohne Prognose, aber das Barometer stagnierte, und die Wetterlage schien sich stabilisiert zu haben.

Um halb neun waren wir auf dem Sund. Ludolf saß hinten am Rad und genoß das neue Gefühl, und ich setzte alles, was wir tragen konnten. Wieder ging es an der Werft mit dem alten Schwimmdock vorbei, den Weg zurück, den Herbert und ich gekommen waren. An Backbord passierten wir die Einfahrt zum Thurøbund, eine langgestreckte geschützte Ankerbucht, Sandgrund und Schlick mit viel Seegras, das bis an die Oberfläche wächst, auf zwei bis drei Meter Tiefe. Dann segelten wir hinaus aufs offene Wasser. Wir ließen Valdemars Schloß und die große Lunkebucht, in der einsame bewaldete Ankerplätze lockten, an Steuerbord und nahmen Kurs auf Rudkøbing und die hohe Gitterbrücke zwischen Langeland und Tåsinge. Der Wind stand durch, drehte sogar leicht nördlich auf WNW. Mit Vollzeug liefen wir unter der Brücke hindurch und ließen Rudkøbing an Backbord vorbeiziehen.

Die Geschehnisse der vergangenen beiden Tage erschienen mir auf dem schwingenden Deck der FIRECREST unwirklich und wie ein lange vergangener Traum. Ich glaube, uns beiden war etwas unheimlich, wenn wir daran dachten, denn hier in der realen Atmosphäre der Schoten und Fallen, an denen wir holten, und des frischen Windes und der Sonne erschienen uns die Zusammenhänge zwischen dem was wir erlebt und gesehen hatten zweifelhaft und zu seltsamen Schlüssen herauszufordern. Wir schwiegen darüber, und auch später haben wir selten davon gesprochen. Es war zuviel Gefühl und vage Ahnung, aber das Erlebnis verband uns.

Vor uns begann die „Dänische Südsee", so wie man sie sich vorstellt: flache Inseln, Sandbänke, Untiefen und heute das dazu passende Hochsommerwetter. Es fehlten nur die Kokospalmen am Strand. Die Sonne stand hoch, und die See war leicht gekräuselt, ideale Bedingungen für klassische „Riffnavigation". Denn heute waren wir auf Abenteuer ganz anderer Art aus.

Anstatt der ausgetonnten Fahrrinne Richtung Marstal zu folgen, änderten wir Kurs und segelten mitten zwischen die Untiefen und Sandbänke nördlich der Insel Strynø. Ich setzte meine Polaroidbrille auf (nur eine solche ist geeignet) und kletterte in die Wanten. Von oben waren die Untiefen an ihrer helleren Färbung so deutlich zu erkennen wie auf der Seekarte. Durch die Brillengläser, die die Wasserspiegelung ausfilterten, sah ich deutlich, wo das dunkelblaue, tiefe Wasser in dunkelgrüne Flächen überging, weil der Grund langsam anstieg. Wo es hellgrün wurde, lagen die Untiefen, die für uns bereits zu flach waren, und wo die Sandbänke dicht unter der Oberfläche lagen, leuchtete das Wasser hellgelb bis türkis. Ich stieg wieder herab und weihte Ludolf in die Geheimnisse der Riffnavigation ein. Ich gab ihm die Brille, und er zog sich hinauf in die Saling, wo er es sich bequem machte. Nach kurzer Zeit hatte er sich zurechtgefunden. Nicht anders als in tropischen Korallengewässern lotste er uns durch die Untiefen. Er war bald restlos begeistert von seinem Job, während ich unten das Echolot beobachtete und Schoten und Backstagen bediente.

Zwischen Tåsinge und dem langgestreckten Untiefengebiet der Inseln Strynø und Birkholm kreuzten wir langsam hin und her. So dicht es ging, segelten wir an die hellen Flachwasserzonen heran, inspizierten die niedrige schilfbestandene Vogelinsel Vogterholm und fuhren unsere Wenden mit zwei Handspannen Wasser unter dem Kiel über weißem gerippten Sandgrund. Wenn allerdings ausgedehnte Seegraswiesen den Grund mit einem eintönigen Graugrün bedeckten, mußten wir doch sehr aufpassen.

Gegen Mittag begann der Wind, mehr und mehr nachzulassen. Um uns, erst in der Ferne, dann immer näher, breiteten sich große glatte Wasserflächen aus – Flautenlöcher. Nur hier und da kräuselten noch Katzenpfoten über das Wasser. Dann verließ uns der Wind ganz, und aus war es mit der Riffnavigation. Wenn die Meeresoberfläche blendet wie ein Spiegel, läßt sich auch mit einer Polaroidbrille nichts mehr darunter erkennen. Ludolf kam herabgeklettert. Schweißtropfen standen auf seiner Stirn. Er nahm einen Schluck Mineralwasser. „Lauwarm . . .“

Wir standen dicht östlich von Birkholm, und die See war gesprenkelt mit weißen Segeln, die reglos in der Flaute hingen. Doch Stille kam nicht auf. Von überall leises Motorenbrummen, Segel wurden eingezogen, und mit nackten Masten strebte man unter Maschine weiter, dem gesetzten Tagesziel entgegen. Steuerlos trieb die FIRECREST auf der reglosen Wasserfläche, ab und zu leise schwankend, wenn wir uns an Deck bewegten. Wir mochten noch einen Meter Wasser unter dem Kiel haben. Deutlich sahen wir den steinigen Grund und das Seegras langsam unter uns hindurchziehen. Wir trieben! Leichter Südstrom setzte zwischen den Inseln hindurch und drückte uns auf die Untiefen.

Ich zeigte Ludolf den Gebrauch des Handlotes mit der Butter als Lotspeise. Wir ließen das Lot über den Grund schleifen und fühlten deutlich an der Leine, wie das Blei über den Kies schlurrte und an den Steinen ruckte. An den gutgekämmten langen Seegrassträhnen am Grund sahen wir genau die Richtung der Strömung. Um nicht weiter abzutreiben, warfen wir kurzerhand Anker und steckten 10 Meter Kette auf 2,5 Meter Wassertiefe. In großen Falten sanken die Segel an Deck. Darüber spannten wir als Sonnenschutz lose das Großsegel.

Die Sonne brannte heiß, und feiner Dunst streute das Licht diffus und grell, wohin das Auge blickte. Obwohl ich mittlerweile tiefgebräunt und an das Sonnenlicht gewöhnt war, schmerzten meine Ohrmuscheln und die Haut der Wangenknochen verbrannt. Ludolf klaubte den Rest des Eises aus der Kühltasche und mischte eine Thermosflasche voll „Pina Colada“. Im Schatten hingelümmelt, den Blick auf der grellen weiten Fläche um uns, genossen wir unsere kalten Drinks als den letzten Rest einer seltenen, kostbaren Speise. Als die letzten Tropfen kühlend durch die Kehle geronnen waren und die Geschmackserinnerung im Gaumen langsam verblaßte, beschlossen wir, baden zu gehen.

Mit Taucherbrillen durchstreiften wir die Unterwasserwelt unter unserem Kiel. Der schwebte so dicht über dem hellen Sand, daß ich mich danebenstellen konnte und spielerisch unter die Kielsohle faßte, wie um das Schiff anzuheben. Es rührte sich natürlich nicht – acht Tonnen verdrängten das Wasser. In der Nähe lagen einige große Findlinge. Ich schwamm heran und sah, daß sie zum Teil mit Miesmuscheln überwachsen waren. Sofort erinnerte ich mich an Fanø. Ich rief Ludolf, der gerade wieder an Bord kletterte, und bat ihn, mir das Fischnetz zuzuwerfen. Wenige Minuten später hatte ich es mit Muscheln gefüllt. Ich achtete gleich unter Wasser darauf, nur die mittelgroßen zu nehmen. Miesmuscheln aus freien, natürlichen Gewässern kann man bedenkenlos verzehren. Hafenmuscheln vom Pfahl würde ich nicht anrühren.

Reglos lag der Merresspiegel bis in den späten Nachmittag. Zuweilen gluckten die Ausläufer ferner Motorbootswellen unter dem Heck, dann wieder Stille. Die meisten Boote waren verschwunden, nur hier und da in der Ferne vereinzelt ein spitzes weißes Dreieck. Weil wir nichts Besseres zu tun hatten, fischten wir mit dem Eimer vorsichtig eine junge, fünfmarkstückgroße Feuerqualle aus dem Wasser. Wir ließen sie in ein leeres Einmachglas treiben und beobachteten aus nächster Nähe, wie sie mit ihrem sternförmig gezackten Gallertmantel umherpulsierte und lange watteartige Nesselfäden hinter sich her schleppte. Im Gegensatz zu den durchsichtigen Ohrenquallen, die als Winzlinge im Mai auftreten, bereits im Hochsommer ihre volle Suppenschüsselgröße erreicht haben und dann in Massen die Ostsee bevölkern, treten die verschiedenen Feuerquallenarten erst im Spätsommer in stattlicher Größe auf. Unsere war noch sehr klein, aber schon genauso angelegt, wie im ausgewachsenen Stadium.

Zwischen den Bündeln zusammengewachsener Miesmuscheln, die wir gesammelt hatten, lebten haufenweise kleine Flohkrebse. Davon fischten wir ein paar heraus und warfen sie zu der Qualle ins Glas. Sekunden später hatten sich einige der Krebschen in der weißgelben Tentakelwatte verfangen. Sofort zogen sich an diesen Stellen die feinen Fadenbüschel zusammen, und die gelähmte Beute verschwand spurlos in ihrem Inneren. Als wir nach einiger Zeit unserer Naturstudien müde wurden, entließen wir die Qualle, vermutlich erfreulich gesättigt, behutsam wieder in ihr weites Element.

Mit dem Fernglas hatte ich mehrmals in der Runde nach Wind ausgeschaut – vergebens. Auf Langwelle sprach „Stimme der DDR“ von zunehmendem Hochdruckeinfluß und sagte umlaufende Winde voraus. Langsam fielen gegen Abend die hohen Cumulusbänke in sich zusammen und legten sich in breiten dunklen Bändern vor die tiefersinkende Sonne.

Wir hatten gerade Wasser für einen späten Kaffee aufgesetzt, als wir einen schwachen Lufthauch bemerkten, der, nach der Zugrichtung meines Pfeifenrauches zu schließen, aus Osten kam. Widerwillig brachte ich meine erschlafften Muskeln in Bewegung. Knarrend und quietschend stieg die Gaffel und der faltige Lappen von Großsegel am Mast empor, gleich hinterher das Topsegel. Als einziges großes Vorsegel setzte ich am Fliegerstag eine alte ausrangierte Genua. Die anderen schweren Vorsegel ließ ich unten, damit das große leichte Segel unbehindert den schwachen Windhauch einfangen konnte. Tatsächlich begann es, sich sanft zu blähen.

In ein paar Handgriffen war der Anker an Deck, und weiter ging die Reise. Wir hatten uns entschlossen, nach Marstal zu segeln, wenn uns der Wind gewogen blieb.

Mit Kaffee und Kranzkuchen in der Abendsonne, steuerten wir erst einmal nach Norden, um Birkholm zu umsegeln, das uns im Wege lag. Anschließend ging es wieder nach Süden, zwischen den Inseln Birkholm und Store Egholm hindurch ins Mørkedyb, die ausgetonnte Rinne, die nach Marstal führt. Der leichte Ost stand wirklich durch, und als wir gegen Sonnenuntergang Lampen setzten, hatten wir die engste Stelle des Mørkedyb bei Bredholm passiert und konnten nach Marstal abfallen. Dort zeigten sich die ersten Lichter. Zuweilen sahen wir von fern die Marstal-Rudkøbing-Fähre ein- und auslaufen, sonst herrschte zu dieser späten Abendstunde kaum noch Schiffsverkehr.

Wir bereiteten alles zum Anlegen vor. Ich machte die Maschine klar. Nach Möglichkeit wollten wir sie aber nicht benutzen, um den Abendfrieden nicht zu stören. Wir legten die Festmacher klar, die Wurfleine, Fender und Bootshaken. Dann holten wir den Seeanker an Deck. Das ist ein konischer, an beiden Enden offener Segeltuchsack, vorne 70 Zentimeter, hinten 10 Zentimeter Durchmesser. Der Seeanker ist ein umstrittenes Hilfsmittel, um Stürme abzureiten. Zumindest kann man damit hervorragend ein Schiff aufstoppen. Deswegen legten wir ihn neben dem Heckanker achtern klar.

Kurz vor der Einfahrt nahm ich den Flieger weg. Dunkel hob sich die Stadtsilhouette vor dem verglühenden Abendrot. Vor uns lag der halbmeilenlange schmale Hafen von Marstal. An Steuerbord die lange, von kleinen Hafenbecken und Einbuchtungen unterbrochene Pier, backbord voraus die rote Pfahlreihe, welche die Flachwassergrenze markiert und die unendliche Steinmole, die den Hafen gegen die See schützt. Die Pier, die Pfähle und die Mole bildeten drei parallele Fluchtlinien, die sich irgendwo jenseits des Horizontes trafen. Aus der Mitte der Steinmole erhob sich die Silhouette des kleinen weißen Kalkofens mit dem roten Dach, der Marstals Erkennungszeichen ist.

Ich hatte wenig Lust, bis zu den überfüllten Yachtstegen am Ende des Hafens zu segeln; aber das brauchten wir auch nicht, denn gleich eine Kabellänge hinter der Einfahrt, bei der alten Räucherbude, war ein längeres Stück der Pier frei. Hundert Meter trennten uns noch von unserem Liegeplatz. Also alle Fender nach steuerbord, Topsegel bergen und Großsegel runter! Mit der Restfahrt zogen wir weiter durch das stille Hafenwasser. Ludolf hielt schräg auf die Anlegestelle zu. Kurz bevor sich der Klüverbaum in die Spundwand bohrte, wirbelte Ludolf das Rad nach backbord und warf gleichzeitig den Seeanker über die Seite. Kaum war er unter Wasser verschwunden, blähte er sich auf und stoppte die FIRECREST nach wenigen Metern. Bevor die Fahrt ganz heraus war, fierte Ludolf die Seeankerleine, und wir trieben mit minimaler Fahrt bis dicht an das Heck eines Fischkutters heran. Jetzt noch ein kurzer Zug an der Leine, und wir standen. Gelassen legte ich den Bootshaken über die hölzerne Pierkante und zog uns mit den Fendern gegen das Fachwerk der Spundwand.

Aber es war nichts mit festmachen! War ich denn mit Blindheit geschlagen? Direkt vor meiner Nase stand ein Schild: Für Yachten verboten! Wir durften uns wieder auf den Weg machen. Segel setzen konnten wir jetzt allerdings nicht mehr: Der schwache Ost drückte genau auf die Pier, und vor uns lag der Fischkutter. Also Maschine an. Nun mußten wir doch in Marstals Yachthafen.

Langsam motorten wir an den großen Slipanlagen und Werfthallen ans Ende des langen Hafens. Da sah ich hinter uns mit hoher Fahrt zwei andere Segelyachten unter Motor durch die Hafeneinfahrt kommen. Sie holten auf und sie hatten das gleiche Ziel: Eine freie Box am Gästesteg zu bekommen. Der verhaßte Run auf den letzten Liegeplatz – jetzt ließ ich ihn mir aufzwingen. Ich gab Gas.

Ein paar Schiffslängen vor unseren „Verfolgern" bog ich zwischen die ersten beiden Schlängel. Der erste ist für Gäste reserviert, und hier waren wirklich noch Liegeplätze frei. Eigentlich hatte ich Platz für ein sehr genau abgeschätztes, wohldosiertes Rückwärtsmanöver, um mit dem Heck zuerst zwischen die Pfähle zu fahren. So hätten wir an der Brücke am Steg bequem über das Heck an Land gehen können. Doch die beiden Yachten hinter uns waren zu nah und ließen uns keinen Raum zum Manövrieren. So fuhren wir vorwärts zwischen die Pfähle.

Ludolf balancierte auf dem Klüverbaum und hielt die beiden Vorleinen in der Hand. Die beiden Heckleinen streifte ich über die Pfähle und manövrierte jetzt langsam voraus, um Ludolf auf dem Steg abzusetzen. Viel konnte ich voraus nicht sehen, weil die Segel nur sehr lose aufgetucht in großen Falten an den Stagen hingen. Ludolf sprang, und ich gab leicht rückwärts, um Firecrest aufzustoppen. Als ich mich über die Heckleinen beugte, um sie durchzuholen und zu belegen, hörte ich Rufe. Ich richtete mich auf, konnte Ludolf aber nicht sehen, doch dafür das vielfältige Grinsen in den Gesichtern belustigter Zuschauer auf dem Steg. Im selben Moment erklang es von vorn: „Halt doch an! Nicht weiter zurück!" und ich sah, daß am Steg noch keine Leinen festwaren und Firecrest langsam rückwärts fuhr.

Der vergessene Rückwärtsgang zog Firecrest langsam rückwärts aus der Box. Schnell gab ich wieder voraus. Aber wo war Ludolf? Da hörte ich Ächzen und Poltern vom Klüverbaum her, und Ludolf kletterte mit nassen Hosenbeinen an Deck. Er war wütend! „Wieso fährst du denn wieder zurück?" Er hatte, ehe er die Vorleinen am Steg belegte, den Klüverbaum ergriffen, um die Firecrest aufzustoppen. Die hatte sehr plötzlich nachgegeben, und ehe er sich versah, hing er an der Nock des Klüverbaums über der schnell breiter werdenden Wasserfläche. Ich empfand tiefe Schmach, als wir die Vorleinen den feixenden Helfern hinüberwarfen. Durch meine Schusseligkeit war dieses kinderleichte Anlegemanöver gänzlich mißlungen. Beim Segeln liegen Erfolg und Niederlage dicht beieinander!

Langsam zerstreuten sich die späten Zuschauer, um eine Attraktion bereichert. Wir klarten an Deck auf. Ich pustete die Lampen aus und ärgerte mich noch immer über die Blamage, denn eigentlich macht es mir Vergnügen, den Bollwerklöwen ein seemännisch einwandfreies Manöver zu bieten. Zugegebenerweise bevorzuge ich für knifflige Manöver optimale Bedingungen. Sonst lasse ich lieber die Maschine an. Aber sobald sich mir die Möglichkeit bietet, meine seemännischen Fähigkeiten zu demonstrieren, packt mich der sportliche Ehrgeiz. Ein bißchen Vorausplanung ist da sehr hilfreich.

Oft hat man zum Beispiel die Chance, problemlos unter Segeln abzulegen, wenn man sich abends beim Einlaufen nur entsprechend hingelegt hat. Wieviel schöner ist ein Segelmorgen, der nicht mit dem knatternden Anspringen der Maschine beginnt! Das Boot löst sich lautlos gleitend von der Pier, entfaltet seine Segel wie Vogelschwingen und segelt elegant und würdevoll durch die Hafeneinfahrt auf die See hinaus.

Wir lagen hier doch sehr angenehm. Es war für alles gesorgt, und trotzdem herrschte keine sterile Marinaatmosphäre. Etwas weiter an der Straße, unter grünen Bäumen, stand eine Pølserbude, und in der Nähe lag ein Riesenhaufen alter Spanten und Balken von irgendeinem abgewrackten Fischkutter. Gleich hier begann das Werftgelände, wo früher die berühmten Marstalschoner gebaut wurden, von denen immer noch eine gute Anzahl, als Yachten wiederhergestellt, durch die Ostsee und über die Weltmeere segelt. Dafür stehen hier heute große Werfthallen, und die Küstenfrachter auf den Slipanlagen, direkt gegenüber den Häusern an der Uferstraße, überragen mit ihren hohen Steven die Dächer der Stadt. Marstal lebt!

Es war spät, aber wir hatten Hunger, und die Muscheln knisterten verlockend in ihrem Eimer voll Seewasser. Weißbrot aus Troense, kühle Butter, trockener weißer Landwein aus Gläsern, welch ein Luxus! Und dann die köstlichen Muscheln heiß und dampfend aus der Schüssel! Die ferne Turmuhr schlug Mitternacht. Angenehm satt und müde standen wir an Deck gegen den Großbaum gelehnt, schauten in die Sterne und unterhielten uns über die Dinge, die das Leben lebenswert machen.

Zum Frühstück saßen wir auf alten Fischkisten am Ufer. In einiger Entfernung lag FIRECREST in der Morgensonne. Es gab frischgeräucherte duftende Bücklinge aus dem Einwickelpapier und Milch aus der Tüte. Hafenkatzen beobachteten uns sehnsuchtsvoll aus vorsichtiger Distanz. Erst wenn wir Kopf und Gräten ein Stück von uns warfen, überwanden sie die Scheu und stürzten sich auf die Delikatesse. Der Hafenmeister, mit Fahrrad und weißer Mütze, kam kassieren. Er wünschte gute Reise und zeigte auf den Himmel: „Schönes Wetter! Viel Sonne, wenig Wind!" Er lachte und radelte davon.

Wie gestern abend wehte leichter Ostwind, 2 Beaufort vielleicht. Diskret motorten wir aus der Box. Gleich im Fahrwasser stellten wir die Maschine ab. Ludolf steuerte am Rande des Flachwassers an den roten Pfählen entlang, während ich alle Segel setzte. Unter Vollzeug liefen wir aus der Hafeneinfahrt.

Es begann Ludolfs gewünschtes Kontrastprogramm. Von der Wetterlotterie mit einem Glückstreffer belohnt, durchkreuzten wir in den folgenden Tagen die „Dänische Südsee" in allen Richtungen, trieben in Flauten, refften bei starker Brise, hatten immer Sonne von Sunrise bis Sunset. Die Zivilisation berührten wir selten, suchten sie nur auf, um unsere Vorräte zu ergänzen und unseren Müll loszuwerden, und dann dort, wo die Bewohner im Rhythmus der Natur lebten und wo der Mensch noch das Maß der Dinge war. So ließen wir das schöne Marstal hinter uns, ohne seinen Sehenswürdigkeiten mehr als einen Blick zu schenken, und suchten den Sport in der Natur. (Einen Tip möchte ich an dieser Stelle aber doch geben: Das Schiffahrtsmuseum, nicht zu verfehlen an der Hafenstraße, sucht seinesgleichen. Es hat noch nicht das Schicksal erlitten, renoviert, mit Teppichboden ausgelegt und in seinen Ausstellungsstücken bis auf ein paar repräsentative Gegenstände ausgedünnt zu werden, um ja die Aufnahmefähigkeit der Besucher nicht zu überfordern. Hier kann man noch auf knarrenden Dielen in mit reichhaltigen Sammlungen beladenen Räumen auf Entdeckungsreise gehen. Einen ganzen Tag habe ich hier herumgestöbert und unser Zeitalter vergessen).

Durchs Mørkedyb segelten wir mit achterlichem Wind, luvten dann hoch an durchs Højestene Løb, eine schmale Rinne, die wir gerade noch anliegen konnten. Zwischen Skarø und Tåsinge fielen wir wieder ab, auf die Steilküste Fünens zu, und legten uns platt vor den Wind, Kurs West. Weit voraus lag die Insel Avernakø.

Es wurde Mittag, und der Wind frischte langsam auf. Dabei drehte er auf ESE. Wir mußten halsen. Hinter Avernakø lagen die Untiefen in der Ansteuerung nach Fåborg. Doch bevor wir den Kurs kreuzten, den Herbert und ich vor 10 Tagen gesegelt waren, drehten wir nach Süden. Wir luvten, gingen an den Wind. Der packte uns und drückte uns bis über das Schanzkleid in die See. Ich turnte nach vorn, um den großen Flieger zu bergen. Ohne einen Tropfen Spritzwasser überzunehmen, schwang und stampfte die Firecrest voran. Wollten wir in der „Dänischen Südsee" bleiben, mußten wir den ganzen Weg, den wir seit heute vormittag zurückgelegt hatten, wieder aufkreuzen.

Es frischte weiter auf, und der Wind drehte auf SE zu E. Ich holte das Topsegel runter, wir machten zuviel Lage. Die alte Höhe konnten wir nun nicht mehr halten, aber wir wollten ja segeln, und so fielen wir etwa einen Strich vom Winde ab, daß alle Segel gut standen und ließen die Firecrest laufen – „voll und bei", wie der Seemann sagt. Und es briste noch weiter auf. Schließlich mußten wir ein Reff ins Großsegel binden.

Gegen 16 Uhr standen wir wieder südlich Drejø und hatten unsere alte Höhe zurückgewonnen. Wir waren erschöpft vom Segeln und hungrig. Der Magen war zu Kinderfaustgröße geschrumpft, und es nagte im Gedärm. Wir wollten uns Ruhe verschaffen und essen. Da der nächste geschützte Ankerplatz weit war, bot sich eine einfache Möglichkeit an: Beidrehen! Um das zu erreichen, fuhren wir eine Wende und ließen die Vorsegel, Fock und Klüver, auf dem alten Bug stehen. Sie kamen back, drückten die Fahrt aus dem Schiff, und als wir begannen querzutreiben, legten wir das Ruder hart nach Luv und banden das Ruderrad in dieser Stellung fest. Das war alles!

Der Übergang war faszinierend. Eben kämpften wir noch gegen Wind und Wellen, hungrig und etwas müde – jetzt ergingen wir uns entspannt auf dem wiegenden Deck und freuten uns auf ein verspätetes Mittagessen. Langsam trieb die Firecrest quer zu Wind und See, leise summte die Takelage, und in Luv breitete sich das unter dem Kiel aufquellende Tiefenwasser als weite öligglatte Fläche, in der die Wellenkämme harmlos ausliefen, ohne daß ein Spritzer an Deck gelangte. Nur auf zwei Dinge mußten wir achten: Erstens brauchten wir genug Leeraum zum Treiben. Wir warfen die Handlogge aus und maßen 1,2 Knoten plus Strom, also etwa 2 Knoten. Unsere Treibrichtung war WNW, und dort hatten wir für eine Weile Platz. Zweitens mußten wir bedenken, daß wir trotz unseres Beidrehens, was die Ausweichregeln betraf, als ganz normales Segelfahrzeug eingestuft wurden.

Die Firecrest lag mit Wind von steuerbord, so daß die meisten anderen Segler uns ausweichen mußten, dennoch mußten wir Ausguck halten und jederzeit klar sein, unter Segeln zu manövrieren. Aber wir konnten uns in aller Ruhe an die Zubereitung unseres Essens machen.

Im Kochtopf bei 25 Grad Schräglage dampfte dicke Gulaschsuppe, das richtige für unsere ausgehungerten Mägen. Mit tiefen Suppenschalen und Bierdosen machten wir es uns an Deck in Lee des Schanzkleides gemütlich, schmausten und beobachteten gelassen die segelnden Yachten in unserer Nähe. Die eine oder andere kam dichter heran, und ich erkannte die nachdenklichen Blicke der Skipper. Das Beidrehen als Maßnahme zum Abreiten von Schlechtwetter – davon hatten sie sicher schon gehört, aber die wenigsten mochten es als einfaches Mittel kennen, mit dem sie sich und die Crew für kurze Zeit aus dem Kampf mit den Elementen ausklinken konnten, um in aller Ruhe „Mittagspause" zu machen und neue Kräfte zu sammeln.

Satt und zufrieden schüttelten wir unsere leeren Bierdosen. Wir hatten unser „Kampfgewicht" vollkommen wiedererlangt. Das war wesentlich bedeutsamer als die Meile verschenkter Höhe, die die Firecrest während des Beidrehens zurückgetrieben war. Um wieder in Fahrt zu kommen, warfen wir einfach die Vorsegelschoten in Luv los, holten sie in Lee dicht und banden das Ruderrad los. Und weiter ging die Fahrt!

Doch während unserer Ruhepause hatte die kräftige Nachmittagsbrise ihre größte Kraft verloren, und mit Tiefersinken der Sonne flaute es zusehends ab. Schließlich konnten wir ausreffen und Topsegel und Flieger wieder setzen, und als die Sonne niedrig über Ærø stand, machten wir auf weiter ruhiger See 2 Knoten Fahrt unter Vollzeug. Die Bugwelle plätscherte leise vor sich hin, und unter dem Kiel zogen die Schatten von Sandgrund und Seegraswiesen vorbei. Steuerbord voraus lag Ærøskbøing. Zahlreiche Segelboote und Motorsegler strebten auf die Hafeneinfahrt zu. Doch unser Programm war die Abgeschiedenheit, und so wendeten wir und segelten nach Norden. Wieder nahmen wir Kurs auf das Højestene Løb.

Mitten in der engen Fahrrinne liefen wir in das erste abendliche Flautenloch. Mit der Restfahrt glitten wir aus dem Fahrwasser und ließen uns mit ausgebreiteten Schmetterlingssegeln zwischen Drejø und Skarø hineintreiben. Hier liegt ein ausgedehntes Untiefengebiet. Ludolf konzentrierte sich aufs Kurshalten, um den letzten Windhauch in den Segeln zu behalten. Mit Hilfe von genauen Kreuzpeilungen hielten wir uns außerhalb der hellblau nachgezeichneten 2-Meter-Linien. Als wir mitten zwischen den beiden Inseln standen, wurde das Wasser wieder tiefer, und dann schien der Wind sich vollends zu verabschieden.

Wir strichen Fock und Klüver, die aus zu schwerem Tuch waren, um uns noch nützen zu können. Ab und zu bewegten sich die dünnen Segelgarnenden, die ich an die Wanten gebunden hatte, um die Windrichtung jederzeit im Auge zu behalten. Aber weder daran, noch an der spiegelglatten Wasseroberfläche war die genaue Richtung der restlichen Luftbewegung festzustellen. So benutzte ich zum ersten Mal seit längerer Zeit wieder einen Trick, den ich von den Dschunkenfahrern im Südchinesischen Meer abgeguckt habe.

Ich hatte noch ein paar Räucherkerzen an Bord, die man überall kaufen kann. Ich benutze sie immer mit Erfolg, um in stillen Ankerbuchten die Wespen von der Kaffeetafel fernzuhalten. Ich entzündete eine und klemmte sie an die Kompaßhaube. An dem schräg aufsteigenden Rauchfähnchen war die Luftströmung klar zu erkennen: Südost. Durch Segeltrimmen und sehr vorsichtiges Ruderlegen gelang es uns, minimale Fahrt im Schiff zu behalten. Am langsamen Auswandern der Quallen und toter Insekten an der Wasseroberfläche sahen wir, daß wir vorankamen.

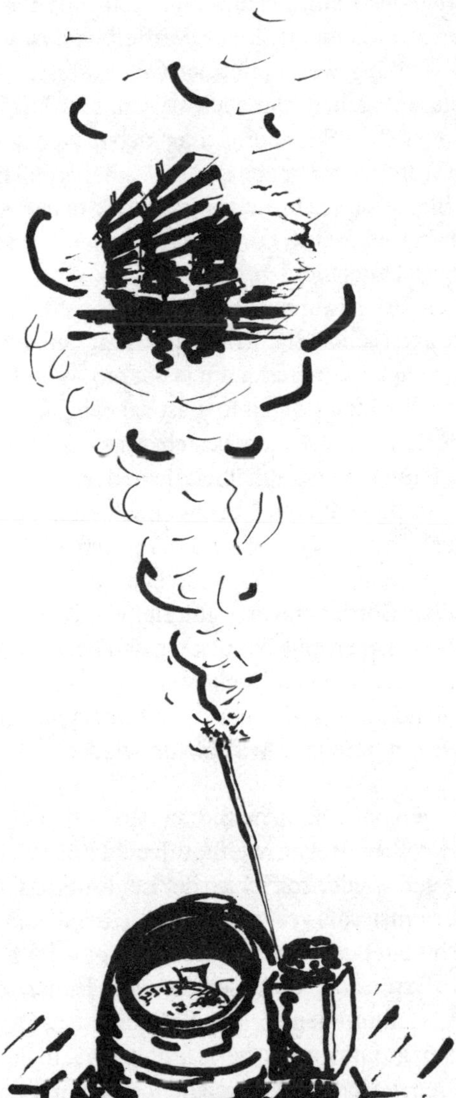

Als die Sonne in reichem Farbenspiel zwischen den schwarzen Abendwolken unter den Horizont tauchte, standen wir auf dem Skarø Flak mit zwei Metern Wasser unter dem Kiel. Wir ankerten. Hier gab es keine Bucht und, außer in östlicher Richtung, wo Skarø lag, keinen wirksamen Landschutz. Wir hatten den Anker sozusagen auf freier See geworfen, um nicht ziellos durch die Nacht zu treiben. Diesmal würden wir Ankerwachen gehen, und so teilten wir uns die Nacht auf: Bis zwei Uhr morgens würde ich wach bleiben und ab zwei Uhr Ludolf.

Durch Ankerpeilungen stellte ich unsere Position fest und trug sie in die Karte und ins Tagebuch ein. Dazu wählte ich möglichst nahegelegene Objekte, weil deren Peilung sich beim Vertreiben des Schiffes schneller verändert als die Peilung weit entfernter Gegenstände. Außerdem sollte man sich Objekte aussuchen, die auch bei dunkler Nacht noch sichtbar bleiben. In unseren hellen Sommernächten heben sich dunkel aufragende Steilküsten oder Wandränder gegen den etwas helleren Himmel meist gut ab. Leuchtfeuer bieten sich natürlich an, wenn sie in der Nähe stehen, aber bei undefinierbaren Lichtern an Land sollte klar sein, daß sie im Laufe der Nacht meist ausgeschaltet werden.

Zur allgemeinen Ortsbestimmung brauchst du natürlich Objekte, die in der Karte eingetragen sind. Zur Kontrollpeilung am Ankerplatz ist das nicht notwendig, denn uns interessieren ja nur mögliche Peilungsänderungen. Von welchen Objekten sie stammen ist dabei egal, wenn man nur eine Vergleichsmöglichkeit hat. Deshalb besteht eine der Pflichten der Ankerwache darin, die Peilungen regelmäßig zu wiederholen.

Doch in dieser ruhigen, klaren Nacht verzichteten wir auch auf ständige Peilungen. Nachdem die Position einmal feststand, lag die Firecrest regungslos auf einem schwarzen Wasserspiegel, und die Lotleine hing in losen Schleifen über Bord. Schwerer Tau fiel wie Regen an Deck, so daß ich mich schließlich in die Kajüte zurückzog und bei abgeblendeter Lampe las. Ab und zu machte ich einen Decksrundgang und warf einen Blick in die Runde. Wir hatten die Badeleiter über Bord gehängt. So konnte im Notfall der ins Wasser gefallene Wachmann wieder an Bord klettern.

Ich zog wieder einmal routinemäßig an der Lotleine, als sie plötzlich unter Wasser in großem Bogen weiß aufleuchtete: Wir hatten Meeresleuchten! Wieder und wieder zog ich an der Leine und da, wo sie sich eben noch in schwarzer Finsternis verlor, strahlte sie bei jedem Ruck in hellem grünlichen Weiß bis auf den Grund. Ich schöpfte eine Pütz Wasser. In einer weißsprühenden Explosion durchschlug der Eimer den schwarzen Spiegel, und beim Heraufholen perlten die Tropfen an Deck wie strahlende Diamanten und glommen als helle Punkte nach. Ich schöpfte das Wasser mit der offenen Hand, und durch meine Finger rann ein Strom flüssiger funkelnder Juwelen.

Ein geringes Meeresleuchten ist bei dunkler Nacht auf sommerlicher See normal, doch in dieser Intensität hatte ich es in gemäßigten Breiten noch nie erlebt. Ich fühlte mich an die tropischen Gewässer Ostasiens erinnert, wo zuweilen das Meer in schwüler dunkler Nacht wie illuminiert erscheint von Tausenden grünlichgelber Lampen, die mit regelmäßigem Pulsieren ihr gedämpftes Licht an- und ausschalten wie versunkene Leuchtfeuer.

Selbst das Pinkeln über die Reling bekam jetzt eine ganz neue Dimension, wenn die aufspritzenden Tropfen wie ein Feuerwerk nach allen Seiten über das Wasser schossen. Als ich Ludolf kurz vor zwei weckte und ihm das Meeresleuchten zeigte, war er vollkommen begeistert. Ich lag schon lange in der Koje, als ich ihn oben an Deck noch mit Wasser pütschern hörte.

DONNERSTAG

Doch schon gegen vier wurde ich wieder geweckt. „Nebel – Skipper, wach auf!" Im Schlafanzug fröstelnd, stand ich auf der Niedergangstreppe und schaute umher. Um uns dunkelgraues Nichts. Der glänzende schwarze Spiegel, auf dem wir schwammen, war auf den Durchmesser einiger Schiffslängen geschrumpft. Ich grübelte über der Karte. Wir lagen weitab von den Schiffahrtslinien, aber doch so weit draußen, daß wir mit einzelnen Fahrzeugen rechnen mußten. Ludolf zog den Radarreflektor in die Saling.

Wir hätten jetzt Nebelsignale geben müssen: Als Ankerlieger jede Minute 5 Sekunden rasches Läuten mit der Schiffsglocke. Um uns nicht taub und verrückt zu machen, was im dichten Nebel nicht das Beste ist, entschlossen wir uns, scharf zu lauschen und zu läuten, sobald wir selbst etwas hörten. Wir hängten die Glocke an die Baumstütze. Dann zog ich mich an und legte mich auf die Koje. Ludolf hatte Wache. Ich döste vor mich hin, schlief ein, wachte wieder auf, die Sinne gespannt. Draußen blieb alles unverändert – Stille. Nur dicke Wassertropfen pochten aus dem Rigg an Deck.

Zum Frühstück endlich kam Wind auf, SE 1, ein Hauch nur, aber genau das, was wir brauchten. Um 8 Uhr tauschten wir die Ankerlaterne gegen die Positionslampen, lichteten den Anker und setzten Segel. Von der Ankerposition aus setzten wir Kurs 285 Grad ab, auf die grüne Tonne nördlich von Flæskhom Flak. Das Echolot lief. Ich stand an der Karte, und Ludolf hielt exakt Kurs. Alle zwei Minuten pusteten wir mit dem Horn das Nebelsignal für Segelschiffe: ein lang, zwei kurz – keine Antwort – Stille.

Das Wasser wurde tiefer. Der Echolotanzeiger näherte sich langsam der 6-Meter-Marke. Plötzlich sank der Meeresgrund auf 10 Meter Tiefe, blieb gleich, stieg langsam an – und sackte auf 12 Meter. Wenn wir auf Kurs lagen, mußte der Grund jetzt langsam wieder ansteigen. Ich koppelte genau und zeichnete auf den jeweiligen Koppelort mit Bleistift einen Querstrich rechtwinklig zur Kurslinie, an den ich unsere gelotete Wassertiefe notierte – sie stimmte mit den Tiefenangaben in der Karte überein! Wir mußten auf Kurs sein! Und wirklich rutschte das Echolot jetzt auf 5 Meter, 4, flacher, tiefer – und da sahen wir die grüne Tonne voraus im Nebel – wunderbar!

Sobald wir sie dicht an Backbord passiert hatten, änderten wir Kurs auf 257 Grad, vierkant auf die Steilküste von Avernakø zu. 20 Minuten lang segelten wir durch weiße Watte – dann tauchte sie plötzlich aus dem Nebel, schon ganz nahe. Unter uns wurde es flacher, und Ludolf drehte das Rad, die Firecrest schwang auf Nordwestkurs und parallel zum Steilufer. In Sichtweite umrundeten wir Nakkeodde, die Nordspitze, luvten an und folgten dem Küstenknick in den Schutz der eine Meile breiten Bucht bei Korshavn.

Dicht unter der gerade noch sichtbaren Küste ließen wir auf 3 Meter Tiefe den Anker fallen. Es war jetzt kurz vor Mittag. Oben am Himmel stand die Sonne als weiße Scheibe. „Horch!“ – Dieseltuckern in der Nähe! Wir läuteten die Glocke. Keine Antwort – da hörten wir es schalten, rucken und wieder Gas geben: Ein Trecker an Land hatte uns genarrt! Ein Inselbauer mähte sein Korn. Hier draußen blieb alles friedlich und einsam. Nur in der Ferne im Fahrwasser tutete ab und zu ein großer Dampfer. Schließlich ermüdete unsere Wachsamkeit. Die Sinne hatten sich in der Stille derart geschärft, daß wir an Land ferne Menschenstimmen hörten und sogar Hühnergackern unterscheiden konnten. Würde sich uns tatsächlich ein Fahrzeug nähern, würden wir es früh genug hören. Wir saßen in der Kajüte, lasen, spielten leise Karten und horchten immer wieder nach draußen – nichts.

Am frühen Nachmittag begann der Nebel dünner zu werden. Die Sonne drang hindurch und tauchte die Kajüte in heiteres Licht. Wir gingen an Deck. Der dichte, homogene Nebel hatte sich in einzelne Nebelbänke zerteilt, zwischen denen wir hindurchsehen konnten. Eine Kabellänge entfernt erblickten wir Avernakøs lehmige Steilküste unter blauem Himmel, und es dauerte nicht lange, da tauchte zwischen den Schwaden die drei Meilen entfernte Küste Fünens auf. Wir löschten die Ankerlampe, und ich trug ins Tagebuch ein: Nebel löst sich auf. Dann machten wir das Dingi klar zum Landausflug und stießen ab. Als vorhin im Nebel die Hühner gackerten, hatten wir Lust auf frische Landeier bekommen. Vielleicht konnte ein Bauer unseren Vorrat ergänzen.

Wir sprangen ans Ufer, zogen das Dingi hoch auf den Strand und stiefelten mit zwei Eierpappen im Einkaufsbeutel los. Avernakø zeigte sich als schöne grüne Insel. Hübsche Häuser und Bauernhöfe lagen zwischen Weiden und Kornfeldern, Wäsche hing in den Gärten auf der Leine.

Es dauerte nicht lange und wir hatten Glück. Eine Bäuerin schickte uns zur Nachbarin, und die führte uns in die Diele, wo sie Eier in Massen, Milch und Butter und einen richtigen kleinen Krämerladen eingerichtet hatte. Sogar frisches Weißbrot war zu haben. Wir nutzten die Gelegenheit, denn Marstal hatte unsere Proviantlast nur ungenügend aufgefüllt.

Wir ließen die Einkaufstasche unter dem umgedrehten Dingi am Strand und spazierten über die Insel zur Südostspitze von Avernakø. Hier liegt Revkrog, eine kleine Bucht, in der man bei westlichen Winden sehr geschützt vor Anker liegen kann. Auch bei diesem leichten Südost lagen hier einige kleine Yachten. Kinder spielten am Strand der Nehrung, die die Bucht halbkreisförmig umfaßt und nach Süden abschirmt.

Auf großem Umweg wanderten wir zurück zum Dingi. Mag ein Landausflug noch so schön sein – nichts läßt sich mit dem Augenblick vergleichen, da du dein Schiff wiedersiehst, wie es unversehrt, wie vor deinem Aufbruch, in der Bucht vor Anker liegt, einem auf dem Wasser ruhenden Seevogel gleich, der nur auf dich wartet, um seine Schwingen zu entfalten.

Wir saßen im Cockpit, aßen das neue Weißbrot, Butter und köstlichen dänischen Schinken und tranken Bier aus Gläsern. Durch den Nebel war uns viel vom Tag verlorengegangen, und unsere Abenteuerlust war noch nicht befriedigt. Das Ergebnis unserer Überlegungen war, daß wir spät abends, als die Sonne zwischen dunklen, rot-goldenen Wolkenbänken versank, die Lampen anzündeten und unter vollen Segeln bei leichter Brise aus der Bucht segelten.

Gemächlich kreuzten wir einen Schlag nach SSW zwischen Avernakø und Drejø hindurch. Als wir bei Revkrog standen, der Bucht, die wir vorhin von Land aus erkundet hatten, war es schon sehr dunkel. Ich begann, in kurzer Folge Peilungen zu nehmen und Standlinien auszurechnen, um uns von den unbeleuchteten Tonnen freizuhalten, die hier vor Revtrille herumliegen. Von hier aus steuerten wir genau auf die Lichter von Søby zu und hielten uns auf diese Weise klar von den Tonnen östlich Mads Jensens Grund und südlich Billes Grund.

Östlich von Søby auf der 6-Meter-Linie machten wir unsere nächste Wende und steuerten ENE in die Nacht hinein. Es war weit nach Mitternacht. Ruhig glitten wir durch die Finsternis. Unter dem Heck in der klaren schwarzen Tiefe schwebte der glitzernde Feuerschweif unseres Kielwassers. Die träge wabernden Lichtwolken waren wie zum Greifen plastisch und die dazwischen vorbeitreibenden Quallen glühten bei jedem Pulsieren in kaltem weißlichem Schimmer. Wir warfen das Handlot, nicht weil wir dem Echolot mißtrauten, sondern um begeistert den glühenden, funkelnden Feuerschweif zu betrachten, den Lotblei und Leine in die Tiefe zogen.

EIN STURM KOMMT AUF

Gewitterbö
Von achtern überrollt
Wüstenwind

FREITAG

Im Osten graute der Morgen, als wir um 4 Uhr bei Borgnæs Nakke unter Ærøs Küste ankerten. Ich stellte den Wecker, um gegen 6 Uhr bei Tageslicht die Lage zu peilen. Aber alles war in Ordnung. Wir lagen gut im Leeschutz der steilen Küste vor Anker.

Mein nächstes Erwachen fiel auf 11 Uhr, als mir die Sonnenstrahlen hell und heiß durch das geöffnete Schiebeluk ins Gesicht fielen. Sofort bemerkte ich die Änderung: Etwas stimmte nicht! Das Boot schwankte leicht im Seegang, und die Sonne hätte mein Gesicht durch den Niedergang nicht treffen können, würden wir immer noch mit SE vor Anker liegen. In leichter Panik fuhr ich auf und stand im nächsten Augenblick an Deck. Alles klar! Der Wind hatte auf NE gedreht und wehte mit 2–3 Beaufort auf die Küste zu. Kleine Wellen liefen von See her auf unseren Ankerplatz, und die FIRECREST schwoite an der langen Kette gelassen hin und her: Eine klassische Leegerwallsituation, wenn auch bei dem herrschenden leichten Wind denkbar harmlos.

Das Barometer war etwas gefallen, die Luft diesig, und es sah nach einem frischen Segeltag aus. Das Skandinavienhoch, das schon tagelang unser Wetter bestimmte, sollte von Osten leichte Störungen von geringer Wetterwirksamkeit heranführen, was auch immer das heißen mochte. Bei den Störungen handelte es sich um die Reste von Tiefs aus Irland, die durch das stationäre Hoch abgelenkt und nach Norden gedrückt worden waren. Von dort hatten sie das Hoch umwandert und kamen jetzt übers Baltikum zu uns, von Osten also anstatt von Westen, wie wir es von Tiefs normalerweise gewohnt sind.

Unser ausgedehntes Frühstück geriet zum Mittagessen. Bevor wir wieder unter Segel gingen, mußten wir ein Problem aus der Welt schaffen, das langsam dringlich wurde: Der Inhalt unseres Müllbeutels begann in Gärung überzugehen. Strandauf, strandab waren weder Hafen noch Campingplatz noch irgendwelche Mülleimer zu sehen, und so schnappte ich mir Klappspaten und Mülltüte und ruderte an Land. Ein Stück oberhalb der Strandlinie, so daß das nächste Hochwasser nicht alles gleich wieder freispülen würde, grub ich ein tiefes Loch, schüttete alles hinein und schaufelte es wieder zu. Ein ordentlicher Mülleimer wäre mir lieber gewesen.

Als ich das Boot durch die niedrige Brandung wieder ins Wasser schob, fielen mir die Kolonien von Miesmuscheln auf, zwischen denen ich hindurchwatete. Einer Eingebung folgend, griff ich mehrere große Bündel aus dem tieferen Wasser und warf sie ins Dingi. Ich wurde noch „miesmuschelsüchtig".

Wir hievten das Dingi an Deck, und während Ludolf die klappernde Kette hochzog, setzte ich bereits Großsegel, Fock und Klüver und ging ans Rad. Sobald mein Freund den Anker eingeholt hatte, hielt er die Fock back, wir fielen ab, sackten ein paar Meter zurück, doch dann drückte die Kraft der dichtgeholten Segel die Firecrest immer schneller voran. Wie von selbst stiegen Topsegel und Flieger empor, und befreit von ihren Fesseln zog die Yacht mit wachsender Geschwindigkeit davon.

An Backbord im Dunst breiteten sich die Weiden und Felder Ærøs und ihre zahlreichen Windmühlen kündeten von blühender Landwirtschaft. Sie schienen auf das Reifen des Korns zu warten, doch sie waren wohl kaum noch in Gebrauch.

Parallel zur Küste segelten wir nach Nordwesten. Die Sonne verbarg sich als weiße Scheibe hinter einem dunstigen Schleier. Zu der ohnehin schon schlechten Sicht durch die diesige Wetterlage kam hinzu, daß Dänemarks Bauern begonnen hatten, ihre abgeernteten Kornfelder abzubrennen. Meterhohe Flammen schlugen hinter den Knicks hervor, und schwarzgelbe Rauchwolken stiegen über Ærø auf. Aus Luv, von Fünen her, wehte ein würziger Duft nach Rauch und Erde, ähnlich dem Geruch der tropischen Inseln, wenn der Seemann das Land riecht, bevor es über der Kimm auftaucht.

Im Hochsommer sind die dänischen Inseln zeitweise überzogen von einer gelblichen Dunstschicht, dem Qualm der abgebrannten Felder.

Durch die Myriaden von Rauchpartikeln, um die sich als Kondensationskerne in der Atmosphäre Wassertropfen bilden, wird in dieser Zeit sogar die Wolkenbildung beeinflußt und damit in gewissem Maße vielleicht auch Wind und Wetter. Ich habe beobachtet, wie aufsteigende Rauchwolken direkt in die Basis großer Cumuluswolken übergingen.

Gegen 14 Uhr tauchte die Nordspitze von Skjoldnæs mit dem dicken, aus Feldstein gemauerten Leuchtturm aus dem Dunst auf. Zwei Meilen Sichtweite schätzte ich. Im Osten schien sich der Himmel zu verdunkeln. Langsam drehte der Wind auf E und legte zu. Mit 4 Beaufort und Backstagsbrise segelten wir rauschende Fahrt.

Wir hatten Skjoldnæs achteraus verloren, und Lyøs Steilküste war gerade schattenhaft über der verwaschenen Kimm erschienen, als es plötzlich dumpf im Osten grummelte. Dort war der Himmel schwarz geworden, und hohe dunkle Schatten reichten fast bis in den Zenit. Strukturen von Wolken waren im Dunst nicht zu erkennen. Nur über uns schien noch die bleiche Scheibe der Sonne. Ich barg den Flieger und das Topsegel, schlug beide ab und schaffte sie unter Deck. Wir hatten die Segelfläche um ein Drittel verkleinert, unsere Geschwindigkeit sank auf 4 Knoten, aber wir waren gerüstet. Unter Land abzulaufen, erschien mir die falsche Taktik. Manche Gewitter ziehen ohne große Böentwicklung vorbei, aber wenn doch schwere Gewitterböen auftreten, ist ihre Richtung nicht genau vorherzusagen. Dann kann der vermeintliche Leeschutz sich als Falle entpuppen.

Wir legten Ölzeug und Seestiefel klar. Wie Dschungelkämpfer pirschten wir uns weiter voran, einen Kampf vorausahnend, ohne zu wissen, von welcher Seite der erste Schlag erfolgen würde. Auch auf den anderen Booten in unserer Nähe wurden Spinnaker geborgen und Reffs eingebunden. Gelbe und rote Punkte tauchten an Deck auf – man trug bereits Ölzeug.

Da – ein Blitz! Ein heller Schein, der über die dunkle Wand zuckte und wenige Sekunden darauf kräftiges Donnergepolter. Auch wir zogen jetzt Ölzeug und Seestifel über und schnallten Schwimmwesten an. Die Positionslampen hingen eingebrannt in den Lampenbrettern. Die schwarze Wolkenwand schob sich vor die Sonne, es wurde dämmrig. Der Ostwind hatte etwas nachgelassen.

Wieder ein Blitz, alles in grelles Licht tauchend, dicht darauf der Donnerschlag, krachend und widerhallend – ein, zwei dicke Tropfen klatschten an Deck. Auf einem Motorsegler in der Nähe sprang die Maschine an, und alle Segel rollten sich automatisch um die Stagen und in den Mast hinein. Ich schob das Steckschott in den Niedergang und zog das Luk dicht.

Blitz und Donner dicht aufeinander, genau über uns, der ganze Himmel schwarz, um uns Halbdunkel, nur im Westen noch ein heller Streif. Dann

Rauschen und Prasseln! Eine Schauerwand goß hernieder wie ein Wasserfall und schlug Schaum und Blasen auf der Meeresoberfläche. Innerhalb von Sekunden stand das Wasser zentimeterhoch an Deck und sprudelte durch die Speigatten.

Eine Minute später setzte der Schauer aus wie abgeschnitten. Wir sahen ihn übers Wasser davonziehen. Blitz und Donner folgten jetzt rasch aufeinander, der Wind frischte etwas auf, erreichte seine alte Stärke, Beaufort 4 – auf dunkler See inmitten eines krachenden Gewitters segelten wir trocken vor mäßiger Brise. Da – westlich von uns in Lee! Eine Yacht, die Segel wie eine Wetterfahne herumgeschlagen, hart krängend, in weiße fliegende Gischt gehüllt, wild umherspringende Gestalten an Deck! Und auch ich in Sekunden beim Großmast, Piek- und Klaufall losgeworfen und ausrauschen lassen, Ludolf holt die Schot dicht in fliegender Eile, setzt das lose Backstag durch, die Kapuze rutscht ihm vom Kopf – und von Lee aus SW – gegen den Wind! – jagt eine weißschäumende Wand aus Gischt und Regen heran! Gegen ihre Zugrichtung werden die Wellenkämme vom Wind emporgerissen und davongetragen!

Ich war gerade mit drei Sprüngen im Cockpit gelandet, hatte die Vorsegelschoten losgeworfen und auf der anderen Seite dichtgeholt, als die Bö uns erreichte und mit lautem Knall in Fock und Klüver schlug. Inmitten prasselnden, fliegenden Wassers schnellte die Firecrest voran, die Schoten zum Brechen steif. Donnerschläge dröhnten in den Ohren, und Blitz blendete auf Blitz. Wir jagten dahin in dramatischer Fahrt, weiß schäumte die Hecksee, und Ludolf, mit triefendem Haarschopf, hielt, konzentriert auf Kompaß und Segel, das Ruderrad umklammert. Ich schätzte die Bö auf 9 Windstärken. Innerhalb von fünf Minuten baute sich eine kurze, harte See auf, die der alten Dünung entgegenstand.

Nach weiteren fünf Minuten ließ der Wind schlagartig nach. Wir taumelten haltlos in einer unangenehmen Kreuzsee. Nur noch ein Hauch von Brise war übriggeblieben, der sofort aus den wild schlagenden Segeln herausgeschüttet wurde. In der Ferne verklang das Donnergrollen. Ich kletterte auf den heftig stampfenden Klüverbaum und zerrte den großen leichten Schönwetterflieger hinter mir her. Als er stand, lagen wir ruhiger. Die anderen Segel nahmen wir weg. Sie waren zu schwer und schlugen nur hin und her.

Langsam kamen wir auf unserem Nordwestkurs voran. Die Sicht wurde besser, und die Kreuzsee beruhigte sich. Wir pellten uns aus dem verschwitzten Ölzeug. Ich nahm Peilungen von Lyø. Danach standen wir 2,5 Meilen westlich der Insel, und da sahen wir auch schon die dünne Untiefentonne von Lyø-West-Flak liegen. Als der Seegang nachgelassen hatte, setzten wir wieder Vollzeug – um es eine halbe Stunde später wieder zu bergen, denn der Wind war endgültig schlafen gegangen, und Segel und

Blöcke schlugen zum Gotterbarmen. Nur den großen Flieger ließen wir dichtgerollt stehen, um die Schlingerbewegungen zu dämpfen.

Endlich, am späten Nachmittag, setzte leichter Ostwind ein. Wir zogen alles rauf, was wir hatten, und setzten die Reise fort. Es blieb diesig, aber wir hatten Lyø und die Halbinsel Helnæs und Horne Næs in Sicht und im Westen schattenhaft die Küste von Alsen. Ich bekam ein paar gute Peilungen und setzte den Kurs auf die Helnæs Bucht ab, ein weites geschütztes Gewässer mit einsamen Ufern, wo wir für die Nacht ankern wollten.

Um 19 Uhr standen wir in der Einfahrt des nördlichen Teils der Helnæs Bucht zwischen der Halbinsel Helnæs und der Insel Illum. Eine grüne und eine rote Tonne markierten die enge Durchfahrt. Gleich rechts von der Einfahrt lagen bei einem Kiefernwäldchen und einem Landhaus zahlreiche Yachten auf Reede.

Wir segelten zwei lange Schläge hoch am Wind in die Bucht hinein und ankerten schließlich im Schutz der Steilküste der kleinen Insel Vigø. Auch hier lagen ein paar Boote vor Anker. Aber sollten nicht alle Wassersportler Brüder sein? – Sie störten uns nicht. Wir standen an Deck herum und klarten auf. Die Sonne sank golden in die schwarzen Wolkenbänke über der Kimm. Eine Schule Tümmler zog ganz in der Nähe vorbei. In einiger Entfernung stürzten sich fischende Kormorane wieder und wieder herab auf die Meeresoberfläche und verschwanden zuweilen mit einem Klatschen ganz unter Wasser, um einen Moment später flügelschlagend mit einem Fisch im Schnabel wieder aufzutauchen und davonzustreichen. Am Ufer saßen andere in typischer Vogelscheuchenhaltung auf den Steinen und trockneten ihr nasses Gefieder. Möwen kreischten und versuchten, den Kormoranen die Beute abzujagen. Ab und zu plitschten springende Fische durch die Wasseroberfläche, und Wellenkreise liefen auseinander.

Alsbald quollen aus dem Vorluk leckere Küchengerüche, und etwas später saßen wir wieder einmal bei Muscheln und Weißwein zu Tisch. Im Pullover gegen die Abendkühle geschützt, gingen wir dann an Deck und genossen das Hereinbrechen der Nacht. Im Südosten an der Kimm blitzte Wetterleuchten. Mittlerweile sprachen sie auch im Radio von einzelnen Gewitterböen. Die Ostwindlage sollte allerdings stabil bleiben . . .

Bevor wir in die Kojen kletterten, steckten wir noch mehr Kette, 30 Meter auf 4 Meter Wassertiefe und machten den zweiten Anker klar zum Fallen. Dann gingen wir beruhigt schlafen. In der Nacht hörte man fernes Donnergrollen, und ich schaute ein paarmal hinaus. Der Wind frischte etwas auf, aber wir lagen geschützt in Lee der Steilküste, und alles blieb friedlich.

SONNABEND

Frühmorgens war der Horizont diesig, wie gestern. Beim Zähneputzen konnte ich das andere Ende der Bucht kaum erkennen. Die Morgensonne schien von einem weißen Himmel. See und Landschaft verschwammen im grellen Dunst. Der kräftige Ostwind summte in der Takelage und schuppte das Wasser, wo die Böen hinter Vigø hervorhuschten. Beaufort 4 schon am frühen Morgen – das könnte mehr werden . . .

Der Wetterbericht sprach von Südost 5–6, rechtdrehend. Ein umfangreiches Tief über der Nordsee rückte dem Skaninavienhoch zu Leibe. Das Luftdruckgefälle zwischen Hoch und Tief wuchs und damit die Windgeschwindigkeit dazwischen. Das bedeutete guten Wind, um über den Belt zu segeln und die Chance, mit den Westwinden des heranziehenden Tiefs in den nächsten Tagen problemlos nach Süden Richtung Heimat zu kommen. Auch meine Ferienzeit lief ab, und ich machte mir Gedanken um die Heimreise.

Beim Seeklar-machen überwand ich mich zu einer längst fälligen Routineuntersuchung: Ich kletterte in den Mast und sah alle Beschläge, Stroppen und Spleiße nach und untersuchte das Rigg auf Schamfielstellen. War das Holz gesund? Hatten sich irgendwo Schäkel aufgedreht? Bei der Gelegenheit labsalbte und pinselte ich alle verwitterten Holzteile und die Trockenrisse an Mast und Saling mit Decksöl. Inzwischen hatte Ludolf das Frühstück fertig. Wir ließen uns Zeit. Bei den angesagten Windstärken brauchten wir uns nicht zu beeilen. Auf den 6 Beaufort würden wir geradezu fliegen.

Es war lange nach 9 Uhr, als wir den Anker hievten. Ludolf pumpte mit der Spillspake, die Kette klapperte durch die Klüse, und ich saß mit dem

Deckschrubber auf dem Klüverbaum und schrubbte den Schlick von der Kette. Als wir unter dem Leeschutz Vigøs heraussegelten, spürten wir die Kraft, die heute in dem Ostwind steckte. Ich stand auf dem wiegenden Vorschiff, die Nase schnuppernd im Wind und entschied, das Topsegel wieder einzupacken. Unter Großsegel, großer Fock und Klüver rauschten wir mit Rumpfgeschwindigkeit auf die schmale Passage zwischen Helnæs und Illum zu. Das waren gute 5 Windstärken, so wie die Hecksee sich hinter dem Spiegel emporhob.

Ludolf saß konzentriert am Ruder und arbeitete gegen das luvende Schiff. Ich erwog zu reffen. Für diesen Wind war die Segelfläche im Grunde genommen maßgeschneidert, und Firecrest machte großartige Fahrt. Aber in der Einfahrt mußten wir höher an den Wind, und falls die Fähre oder ein anderes einlaufendes Schiff uns zu Manövern zwingen würde, stand entschieden zuviel Tuch. Das konnte Bruch geben!

Also fierte ich Piek- und Klaufall je anderthalb Meter, zog die Reffkausch am Vorliek runter und pickte sie in den Haken am Baumbeschlag, dann holte ich mit der Refftalje die hintere Reffkausch runter auf den Großbaum – und fertig! Das alles bei Wind von achtern, voll ausgefierter Großschot und ohne ein Grad vom Kurs abzuweichen . . . Nur das gereffte Stück Großsegel hing jetzt in Falten über und unter dem Baum in den Faulenzern und hätte noch aufgetucht und zusammengebändselt werden können. An die vorderen Reffbändsel kam ich auch ganz gut heran, doch die hinteren waren bei ausgefiertem Baum außerhalb meiner Reichweite. Aber das hatte Zeit, bis wir sowieso anluven mußten und den Baum dabei dichter holen würden.

So geschah es! Kurz darauf jagten wir mit dichtgeholten Schoten und 30 Grad Lage durch die Einfahrt. Als ich, halb auf dem Großbaum liegend, die letzten vier Reffbändsel zusammenknotete und das schäumende Wasser dicht unter mir dahingurgelte, war ich nicht so sicher, ob ein Reff auf die Dauer genügen würde. Als wir die Einfahrt passiert hatten, fiel Firecrest gut südlich des großen Steins wieder ab. Er ist mit einem Kreuz und 2,3 Metern in der Nähe der Passage eingezeichnet. Ein halber Meter unter dem Kiel ist zuwenig bei Seegang und unsicherem Wasserstand!

Wir fierten die Schoten und nahmen Westkurs auf den offenen Belt. Es war 10 Uhr vormittags. Hinter der zurückweichenden Steilküste kam der schöne weiße Leuchtturm von Helnæs in Sicht. Der Wind hatte auf SE gedreht und war ungewöhnlich warm, ja, er fühlte sich an wie über heißer Herdplatte getrocknet – wie ein Wüstenwind!

Schon einmal hatte ich einen solchen Wind in diesen Gewässern erlebt. Das war bei Bagø und wir liefen südwärts in das gleiche Seegebiet, in dem wir uns jetzt bewegten. Ein Ostwind, heiß wie aus dem Backofen, und danach hatte es aufgebrist auf Stärke 8 und mehr in Böen. Aus Erfahrung wird man klug, also steckte ich das zweite Reff in Groß.

Mit kaum verminderter Fahrt brauste Firecrest dahin. Es briste wirklich weiter auf. Die See stieg, baute sich auf ganzer Beltlänge von Südost her auf und kam lang und blaugrau mit Schaumkronen und Gischtstreifen herangerollt. Es blieb trocken an Deck, wir hatten kein Ölzeug an, aber Schwimmwesten über den Windjacken. Die Sonne schien durch den Dunstschleier, es war warm trotz des Windes, eine Luft wie Fön, aber ohne dessen gute Sicht und den klaren Himmel – ein seltsames meteorologisches Phänomen. Und der Wind nahm weiter zu. Ich schätzte auf Stärke 7, das war Segelbootssturm. Bevor ich Ludolf am Rad ablöste, zerrte ich die kleine Fock aus der Segelkammer und kletterte über das hüpfende, wiegende Deck nach vorn. Ich barg die große Fock und setzte dafür die kleine.

Im Sprühregen der zur Seite gischtenden Bugwelle flammten farbige Regenbögen auf, der Wind heulte im Rigg. Ich übernahm das Rad und mußte höllisch aufpassen, denn wenn eine See von achtern das breite Heck anhob und der hohe schmale Bug abtauchte, tat die Firecrest so, als wollte sie seitlich wegschneiden.

Wir hatten Sonnabend, und trotz des windigen Wetters waren viele Segler unterwegs. Überall sahen wir niedriggereffte weiße Segelspitzen an langen kahlen Masten innerhalb der diesigen Kimm, die meisten ablaufend Kurs Nordwest. Nur eine große Yacht, gehüllt in Wolken von Gischt, stampfte unter Sturmbeseglung gegenan.

Ludolf schaute durchs Glas und deutete nach vorn. Er hatte die Lillegrund-Tonne ausgemacht. Dort mußte jetzt auf 3,5 Meter Wassertiefe eine mörderische Grundsee stehen, also freihalten! Ich fiel ab, der Wind kam

beinahe genau von achtern. Unruhig knallten die Vorsegel in der Abdekkung des Großsegels. Doch bald hatten wir die Tonne mehrere Kabellängen in Luv und gingen wieder auf Westkurs.

Da hinter uns Gurgeln und Zischen! Ich wandte mich um und rief Ludolf noch zu: „Brecher!“, als grün und steil eine mächtige See heranschob und auf der Kante des Hecks polternd zu einem Berg von Gischt zusammenbrach und Achterschiff und Cockpit überflutete. Eine Sekunde war Stille, dann fiel heulend und segelknatternd der Sturm über uns her – ich hatte nicht aufgepaßt: Wir waren quergeschlagen, doch nur für Sekunden! Das Heck hob sich, ich wirbelte das Rad nach Lee, und schwerfällig unter den ablaufenden Wassermassen, drehte die Firecrest wieder auf Kurs. Eine Minute später war das Cockpit durch die dicken Lenzrohre leergelaufen.

Triefend naß, wie aus dem Wasser gezogen, sahen wir uns an – und lachten! Das war Sport, das war Leben! Segelten wir zu schnell? Vielleicht! Doch wer beschreibt das Gefühl von Triumph über das Meer und die Naturgewalten, wenn ich inmitten tosenden Wassers bei Sturm und Sonnenschein das Schiff in meiner Hand fühle, dahinstiebend nach meinem Willen über Wellen und Gischt.

Die Vernunft gebot Maßnahmen! Die Gaffel drückte und rieb mit Gewalt auf Backstagen und Leewanten – das Großsegel mußte weg! Ludolf, angeleint am Strecktau, erledigte das in Sekunden, ich holte die Großschot dicht, dann tuchte er in aller Ruhe das Segel auf und beschlug es am Baum. Wir liefen nicht langsamer. Der Wind legte immer noch zu. Das war nicht mehr 7, sondern 8 und mehr in Böen, wie damals! Die Schoten der beiden kleinen Vorsegel standen brechend steif. Aber der Bug schnitt nicht mehr so tief ins Wellental, obwohl wir jetzt mächtig von einer Seite auf die andere rollten. Fock und Klüver schienen den Bug sogar anheben und über die Seen hinwegziehen zu wollen.

Es war gegen Mittag, als die Wellen sich merklich beruhigten und nicht mehr so hoch und steil herankamen. Wir standen jetzt anderthalb Meilen nördlich vom Nordborg-Leuchtturm auf Alsen und gerieten unter die Landabdeckung. Der Wind blies immer noch unvermindert heftig, aber er hatte sich abgekühlt, und wir froren in unseren nassen Sachen. Einer nach dem anderen stiegen wir unter Deck und kleideten uns um.

Ludolf hatte mich abgelöst. Ich stand in trockener Hose und Pullover am Kartentisch, machte meine Tagebucheintragungen und studierte auf der Karte die Einfahrt zum Genner Fjord. Åbenrå oder Genner Fjord – die Entscheidung stand noch offen. Ich tendierte mehr zum letzteren. Dort konnten wir bei SE guten Schutz finden in einer der beiden kleinen Buchten, die das Südufer des Fjordes bilden.

Ich hielt mich an den Griffen der Niedergangstreppe und am Kartentisch fest und horchte auf die Sprache des Schiffes. Sie erzählte von Anstrengung und unermüdlicher Ausdauer und versicherte, daß alles in Ordnung sei. Ich hörte den schnurrenden Inhalt der Spinde, die scheppernden Töpfe im Küchenschrank, die in den Gelenken quietschenden Messinglampen, das Rigg, das durch die wie Saiten gespannten Luvwanten und den knarrenden Mast ins Schiff übertragen wurde wie in den Klangkörper einer Geige.

Bald nachdem ich an Deck zurückgekehrt war, wurden die Bewegungen wieder heftiger. Alsens Küste wich zurück, und der lange Alsenfjord bot dem Südost wieder Raum, um hohen Seegang aufzubauen. Doch wir flohen! Zwischen Barsø und dem Festland jagten wir hindurch, dicht unter Barsøs Küste, um uns von den südlichen Untiefen freizuhalten. Hoch und steil türmten sich zischend die Wellenkämme in unserem Rücken, aber keiner erreichte uns mehr.

Der Genner Fjord öffnete seine waldigen Ufer. Unvermittelt zogen wir ruhig wie auf einem geschützten See dahin und bogen hinter einem Kap in eine friedliche bewaldete Bucht. Ein halbes Dutzend anderer Yachten lag dort vor Anker, dicht am Ufer im Schutze der Bäume, in deren Kronen der Sturm rauschte und schüttelte. Dort fuhren wir unseren Aufschießer und warfen den Anker. Um bei unerwarteter Winddrehung nicht um den Buganker herum ins flache Wasser getrieben zu werden, brachten wir an sehr langer Leine den Heckanker mit dem Dingi ins tiefe Wasser nach Lee aus. Dann hängten wir unsere nassen Klamotten zum Trocknen ins Rigg.

Die Sonne schien warm, vom Ufer trugen Kinderstimmen herüber, Ferienstimmung schwebte über der windigen Landschaft. Wir hatten Wolfshunger! Schnell mußte es gehen und viel sollte es sein. Eine große Dose Labskaus und alles hinein, was in Reichweite der Pantry lagerte: Gurkenscheiben, eine halbe Dose Corned beef, Knoblauch, Zwiebeln und Speck, letzteres in der Pfanne angeschmort, und darüber Spiegeleier und rote Beete aus dem Einmachglas. Mit randvollen Tellern und Bier lagen wir an Deck, Fender im Rücken und die Füße auf dem Schanzkleid.

Das Ende des Segel-sommers?

Aalrauch
Die Entscheidung

Den Nachmittag verschliefen wir, satt und angenehm abgeschlafft, in Decken gewickelt auf unseren Kojen. Gegen Abend kochten wir Kaffee, aßen Kekse, lasen. Als die Sonne in die Wolken über dem Festland tauchte, zog ich die mittlerweile getrocknete Windjacke an und stieg ins Dingi. Ich ruderte dicht am Ufer entlang, wo der Wind mich nicht packen konnte und ums nächste Kap herum. Vor mir lag eine tiefe gekrümmte Bucht, vom Genner Fjord durch die Halbinsel Kalvø getrennt.

Ich pirschte mit dem Dingi an den Schilfufern entlang, ließ mich treiben und beobachtete Wasservögel, die sich vor den Böen ins Röhricht zurückgezogen hatten. Ein Reiher watete vorsichtig am Schilfrand entlang und fischte. Enten und Bläßhühner ruderten im Windschatten herum, tauchten und gründelten zwischen den Schilfwurzeln. Ein Spatzenschwarm stob empor, wurde vom Wind ein Stück fortgetrieben und fiel wieder zwischen die wogenden Halme. Ein Fischer in langen Stiefelhosen lehnte sich über den Rand seines Bootes und kontrollierte Aalreusen. Jetzt hatte er den Sack des Netzes zu fassen, öffnete ihn, und eine Menge schwarzglänzender, sich windender Leiber quoll daraus hervor in eine hölzerne Kiste. Er sortierte sie, warf die einen über Bord, tat die anderen in die Fischkiste.

Ich ließ mich vorbeitreiben und grüßte höflich hinüber. Er grinste, wahrscheinlich wegen der Winzigkeit meines Dingis und winkte zurück. „Viel Wind!“ rief ich. „Jaa, viel Wind“, antwortete er dänisch-deutsch, „abe

mogn wenige.“ Ich ruderte näher heran und fragte: „Verkaufen Sie Aale?“ Wir wurden uns schnell einig. Mit zwei prächtigen, sich windenden Exemplaren auf dem Dingiboden ruderte ich zurück zur Firecrest. Ich entließ sie zunächst in das Netz, in dem ich Muscheln und Fische aufbewahre und hängte es über Bord. Galgenfrist für die Aale, die noch frisch und lebendig bleiben sollten.

Unverändert rauschte der Wind im Geäst der Baumkronen. Nach Einbruch der Dunkelheit saßen wir in der Kajüte beim Licht der Petroleumlampe und spielten Piquet. Das ist ein halbwegs intelligentes Kartenspiel, dessen Regeln ich mir während einer Südseereise angeeignet habe. Man kann es sehr gut zu zweit spielen. Gelegentlich heulte das Rigg, und die Firecrest krängte unter den Fallböen, die sich über den Wald stahlen und auf den Ankerplatz niederfielen.

SONNTAG

In der Morgensonne des nächsten Tages blinkten auf dem Fjord weiße Schaumkämme, und das Barometer war weiter gefallen. Das Skandinavienhoch verabschiedete sich. Im Wetterbericht wurde SE–S 6, abnehmend, angesagt. Die Crew eines großen deutschen Motorseglers machte seeklar, wahrscheinlich mit gemischten Gefühlen. Das Wochenende neigte sich dem Montag zu. Wahrscheinlich drückten dort an Bord die Termine. Doch uns schlug noch keine Stunde. Wir blieben.

Unsere einzige Sorge war der Wassermangel, und deshalb luden wir nach dem Frühstück die beiden leeren 20-Liter-Kanister ins Beiboot und ruderten an Land. Nach einer Weile traten wir aus dem Wald und kamen an einen Bauernhof. Wir gingen durch die Toreinfahrt zwischen alten Ulmen hindurch auf einen weiten Hofplatz. Zwei Frauen hängten flatternde Wäsche auf die Leine. Dabei benutzten sie viele Klammern gegen den stürmischen Wind. Wir grüßten. Die ältere von beiden kam auf uns zu.

„Wir sind Segler und möchten fragen, ob wir bei Ihnen unsere Wasserkanister füllen dürfen.“ Sie verstand uns nicht, aber die jüngere, ein hübsches, wohlproportioniertes Mädchen mit vielen Sommersprossen, näherte sich und übersetzte, was wir meinten. Selbstverständlich durften wir den Wasserhahn im Hof benutzen. In tiefen Schlucken tranken wir kühles, frisches Leitungswasser, dann füllten wir die Kanister. Als wir uns wieder auf den Weg machten, winkte die Jüngere fröhlich hinter uns her. „Seemannslos“, bemerkte Ludolf und machte ein trauriges Gesicht.

20 Liter Wasser sind eine schwere Last, wenn man sie weit tragen muß, und wir waren froh, als wir endlich wieder den Strand erreichten. Wir schafften das Wasser an Bord und beluden das Dingi erneut mit allerlei Gerätschaften, dem Netz mit den Aalen, Brot und Bierdosen und ruderten wieder ans Ufer. An einer geeigneten Stelle machten wir aus Treibholz und trockenem Geäst Feuer. Dann holte ich aus einem Jutesack eine alte rostige Keksdose mit einem Klappdeckel. Und nun gib acht!

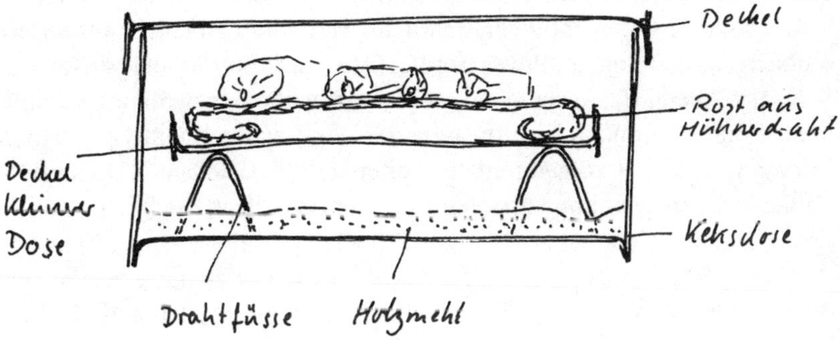

Was du hier siehst, ist ein selbstgebauter Räucherofen, schon ordentlich durchgeglüht, damit keinerlei Lackreste den Räucherfisch verderben. Ich öffne den Deckel, nehme den Einsatz heraus und bedecke den Boden mit einer zentimeterhohen Schicht Sägemehl. Es stammt von natürlichen, unbehandelten Hölzern, wie es beim Baumfällen und -zersägen abfällt, gemischt mit einer Handvoll provenzalischer Kräuter. Auf die Sägemehlschicht stelle ich die Wanne, eine kleinere Keksdose, die auf Drahtfüßen steht, damit sie nicht auf dem Mehl aufliegt. Auf dem Rand der Wanne liegt als Rost eine Lage Hühnerdraht.

Und nun geschieht folgendes: Ich töte die Aale und schneide sie in handliche Stücke, die ich auf das Rost lege. Dann schließe ich den Deckel des Räucherofens und stelle ihn vorsichtig waagerecht auf die Glut des heruntergebrannten Feuers.

Schnell wird der Boden der Dose glühend heiß, und das Sägemehl mit den Kräutern beginnt zu schwelen und zu glosen. Brennen kann es nicht, denn der Deckel bleibt geschlossen, und es tritt kein Sauerstoff hinzu. Aber es entwickelt sich ein dicker, heißer Rauch, der aus den Ritzen unter dem Deckel hervorquillt. Von würzigem Rauch und Hitze umflossen, beginnen die Aalstücke zu garen. Fett tropft heraus und wird von der Wanne aufgefangen, damit es nicht in das glühende Sägemehl fällt und den Geschmack verdirbt. Nach einer halben Stunde etwa sind die Fischstücke gar und geräuchert. Vor dem öffnen stellt man die Dose einen Moment lang auf den Erdboden, damit sich das Metall abkühlen kann.

Schon lange bevor der Fisch gargeräuchert war, zogen appetitliche Rauchschwaden über das Wasser, und als wir den Deckel lüfteten, quoll eine mächtige Wolke aus Aalduft und Kräuterrauch empor. Mit der Zange hob ich die ganze Wanne mit Fisch und Rost heraus. Ich nahm das Hühnerdrahtrost ab und ließ die Aalstücke in die Wanne fallen, dazu kam noch etwas Butter, und dann aßen wir den köstlichen Fisch mit Fingern und Holzspießchen, tunkten unser altbackenes Weißbrot in das würzige Fett und tranken dazu bilgengekühltes Bier. Auf großen Ufersteinen sitzend, beugten wir uns vorsichtig vor, damit das Fett vom Kinn nicht auf unsere schönen weißen Segelpullover tropfte. Das war unser Sonntagsessen.

Gegen Abend flaute der Wind ab. Hohe Altostratusbewölkung verhüllte die Sonne. Nur noch leise flüsterte der Wind in den Baumwipfeln. Seit Mittag war das Barometer nicht weiter gefallen. Jeden Wetterbericht hörten wir genau mit und zogen unsere Schlüsse. Das Hoch zog endgültig ab, und das Tief über der Nordsee erreichte uns mit seinen Ausläufern.

Als wir bei Sonnenuntergang die Ankerlampe setzten, erstreckte sich die Oberfläche des Genner Fjords spiegelnd in bleierner Flaute, und als ich mitten in der Nacht an Deck schaute, nieselte es, und leichter Südwest war aufgekommen. Das Barometer hatte begonnen, weiter zu fallen.

MONTAG

Frühmorgens war das Deck wieder getrocknet. Der Himmel war bedeckt, und Westwind kräuselte das Wasser. Das Barometer stagnierte, die Warmfront war durchgezogen. Heute wollten wir weiter. Ludolfs Urlaubszeit lief ab, und auch ich hatte Mitte der Woche einen wichtigen Termin. Mir war eine interessante Aufgabe in Aussicht gestellt worden, und es wäre sehr unklug gewesen, die Verabredung zu versäumen. In Sonderburg wollte Ludolf mich verlassen. Ich, der ich mehr Zeit hatte, wollte die Firecrest einhand zurücksegeln, kein Problem bei der herrschenden Wetterlage. Große Lust, nach Hause zu kommen, hatte ich freilich nicht.

Wir machten seeklar, stauten weg, was herunterfallen konnte, setzten das Dingi an Deck, schlugen die Vorsegel an und lösten die Zeisinge vom Großsegel. Wir nahmen die Heckankerleine nach vorn und hievten den Buganker. Daraufhin trieb die Firecrest zurück, bis sie der Heckanker aufhielt, sozusagen als neuer Buganker. Anschließend gingen wir ganz normal Ankerauf, setzten Segel, und schon waren wir wieder unterwegs.

Es wehte Vollzeugwind mit 3 bis 4 aus SW. So setzten wir ein Segel nach dem anderen, bis alle Fallen tight im Wind standen. Barsø blieb Backbord achteraus, Steuerbord quer öffnete sich der Fjord von Åbenrå, und voraus lag der Nordeingang zum Alsenfjord.

Wir segelten „voll und bei" und machten gute Fahrt. Der frische kühle Wind war eine willkommene Abwechslung. Wir fühlten uns wohl in langen Hosen, weißen Segelpullovern und blauen Jacken, so ganz im Stil der „Herrensegler". Es tat gut, ohne Sonnenbrille über Himmel und Segel blicken zu können, die Augen nicht geblendet zusammenkneifen zu müssen. Trotzdem – wir Nordländer sind sonnensüchtig! Kaum brach einmal die Sonne durch ein Wolkenloch, da empfingen wir sie freudig mit: „Aaah, herrlich . . . !" und „ . . . endlich Sonne!"

Gleich hinter dem Eingang zum Alsenfjord öffnet sich an Backbord die Stegsvig, von der aus durch eine enge Passage die Dyvig und die Mjelsvig abzweigen, idyllische Buchten, in denen man vollkommen geschützt ankern kann. Aber wir ließen sie „links liegen", Sonderburg hieß unser Ziel!

In der ganzen Zeit, während ich die Bewegungen der Firecrest durch das Ruderrad spürte und eigentlich vollkommen zufrieden hätte sein müssen, dachte ich daran, daß die Reise nun bald zu Ende sein sollte. Nein, ich hatte wirklich keine Lust, den Segelsommer zu beenden, kaum daß er begonnen hatte. Es erschien mir widersinnig, soviel Lebensenergie in das Boot gesteckt zu haben, um es anschließend, wenn die Möglichkeit bestand, es zu nutzen, am Steg zwischen seinen Festmachern verwittern zu lassen. Ich war dabei, eine wesentliche Entscheidung zu treffen.

Während diese Gedanken in mir reiften, wurde meine Aufmerksamkeit ganz von der malerischen Gegend beansprucht. Auf beiden Seiten erstreckte sich liebliche Hügellandschaft mit Bauernhöfen, Wiesen, Feldern, Knicks und Wäldern. Gegen Mittag sichteten wir die Ost-Untiefentonne von Snogbæk Hage, wo der Alsenfjord in den Alsensund übergeht. Bis Sonderburg lag ein enges, verkehrsreiches Fahrwasser vor uns.

Um jederzeit voll manövierfähig zu sein, nahm ich Topsegel und Flieger weg, und um nachher im Hafen keine Überraschung zu erleben, machte ich jetzt schon die Maschine klar. In den nächsten Stunden würden wir sie nicht entbehren können. Deshalb wollte ich sichergehen, daß sie jederzeit ansprang und einwandfrei lief. Ich entfernte die Abdeckung des Motors – wir hatten ihn lange nicht mehr gebraucht. Beim dritten Anreißen kam er.

Ich ließ ihn kurz laufen, fuhr die Gänge durch und stellte ihn dann wieder ab: Wir konnten uns auf den Motor verlassen.

Hinter der Tonne holten wir die Schoten dicht und gingen hoch an den Wind. FIRECREST konnte den Alsensund gut anliegen. Ein letztes Mal genoß Ludolf seinen Rudertörn. Der Abmusterhafen rückte näher, und in der Ferne sahen wir schon die neue Autobahnbrücke bei Sonderburg.

Wir segelten wie auf einem Fluß: Rechts und links idyllische Schilfufer, Felder, Knicks, Buchenwälder und Landhäuser und unter alten Bäumen, umgeben von gepflegten Rasenflächen, lag ein schönes gelbes Gutshaus.

Das Fahrwasser ist gut ausgetonnt, und die grünen Tonnen sind befeuert. Die Batterien allerdings, aus denen ihre Birnen gespeist werden, verlieren im Laufe der Zeit an Ladung, und so geschah es, daß wir einmal Ende September 1984 unseren Weg mit Kompaß und Scheinwerfer suchen mußten, da die Kennungen entweder erloschen waren oder so schwach, daß man sie nur noch auf wenige Meter Entfernung wahrnehmen konnte. Mit derlei muß man auch rechnen.

Auf der Höhe der Autobahnbrücke hoben sich die Ufer beidseitig des Sundes und deckten den Wind mehr und mehr ab. Hinter der Brücke lagen zwei große Stückgutfrachter im Paket. Wegen des geringen Ladungsaufkommens waren sie aufgelegt worden. Gewaltig und überdimensioniert im schmalen Sund, verdeckten sie den Blick auf die Stadt. Langsam glitten wir an den hohen Stahlwänden vorbei, von der Strömung geschoben. Der Wind erreichte unsere Segel nur noch in vereinzelten schwachen Pustern. Hinter dem Heck der Frachter begann der lange Hafen von Sonderburg mit seinen Dalben, Piers, Bootsbrücken, Eisenbahnanlagen, Lagerhäusern und Silos und darüber auf dem hohen Ufer die Fassaden und Dächer der Stadt.

Voraus in der Ferne tauchte die berühmte Zugbrücke auf. Ich ging nach vorn und machte den Anker klar für den Fall, daß wir bei plötzlichem Maschinenstopper von der Strömung auf die geschlossene Brücke zugetrieben werden sollten. In einem solchen Fall hätten wir allerdings alles ausstecken müssen, was an Kette da war, denn der Sund ist an dieser Stelle von der Strömung bis zu 20 Meter tief ausgewaschen.

Unter der 5 Meter hohen Brücke hindurch sahen wir den dicht belegten Segelbootsanleger im Südhafen. Aber es gab noch Möglichkeiten zum Längsseitsgehen. Wir hätten auch gut gleich hier an der langen Handelsschiffspier liegen können, und dazu noch umsonst, aber der Südhafen liegt wesentlich günstiger zum Einkaufen und Proviantieren, und es gibt Wasseranschluß, also setzten wir Flagge N wie „November“, starteten den Motor und strichen Segel.

„November“ bedeutet dem Brückenwärter, daß ein Schiff passieren möchte. Nun hat er seine festen Öffnungszeiten, die man einer Broschüre re entnehmen kann, aber ich glaube, er hält sich manchmal nicht daran. Ich habe einmal eine Stunde lang meine Kreise gedreht, während zwei Öffnungszeiten verstrichen, bin aber auch schon außerhalb der Zeit sofort und als einziges Schiff durchgelassen worden.

Langsam drehten wir unsere Kreise. Dabei sahen wir zu, der Brücke nicht zu nahe zu kommen. Sonst hätte bei Motorenausfall der Anker auch nicht mehr geholfen. Inzwischen machten wir alles klar zum Anlegen. Wir schossen die Festmacher auf, legten Fender und Wurfleine klar und tuchten die Segel sauber auf. Noch ein zweiter Segler hatte sich zu uns gesellt, und auch auf der anderen Seite der Brücke drehten schon verschiedene Fahrzeuge ihre Warteschleifen.

In diesen Minuten fiel meine Entscheidung. Ich würde den Termin sausen lassen. Ich würde ein Telefongespräch führen und mein Verhalten erklären – wenn man mich zum Ende des Jahres haben wollte, stünde ich mit Vergnügen zur Verfügung, doch jetzt wollte ich segeln, den Sommer auf der Firecrest zwischen den Inseln verbringen.

Aber ich mußte noch einmal zurück. Viele der notwendigen Dinge, die ich auf meinem langen Törn brauchen würde, lagerten in meiner kleinen Atelierwohnung unter dem Dach, meine Malutensilien, die Schreibmaschine . . . Aber ich würde mir Zeit lassen: vielleicht noch einmal in die „Dänische Südsee“ hinein und auf dem Rückweg um Langeland herum . . . Vielleicht hatten meine Vettern Wolfgang oder Martin Zeit. An der Uni waren ja jetzt Semesterferien. Ich würde sie gleich nach dem Anlegen anrufen.

Endlich, nach 20 Minuten, stockte der Verkehr auf der Brücke, die roten Signallichter leuchteten auf und begannen zu blinken: Klarmachen zum Passieren! Die Zugbrücke hob sich langsam in die Senkrechte, und wir dampften los. Jetzt brannten die Lichter ununterbrochen, und das bedeutet: Durchfahrt frei! Sie war zwar nur für Schiffe von Norden freigegeben, aber von beiden Seiten stürzten sich die Fahrzeuge durch die Öffnung. Die Eile schien berechtigt, denn ein Nachzügler mußte im letzten Moment vor der sich bereits wieder schließenden Brücke abdrehen und blickte in ohnmächtiger Wut zum Wärterhäuschen hinauf.

In weitem Bogen motorten wir auf den Anlegesteg zu, der parallel zur Uferstraße verläuft. Gleich auf der anderen Straßenseite liegen Kneipen und Schiffsausrüster, und man ist mit wenigen Schritten in der Innenstadt. Bei einem umgebauten Fischkutter gingen wir längsseits.

Es war erst 3 Uhr nachmittags. Für Ludolf war die Reise zu Ende. Während er seine Sachen packte, suchte ich mir Kleingeld zusammen und ging zur Telefonzelle, um meine Vettern anzurufen. Wolfgang war Geologe und Martin Biologe, und wenn sie nicht gerade auf irgendeiner

Feldstation im Gebirge oder in der Wüste waren, bestand die reelle Chance, daß sie sich überreden ließen, ein paar Tage auf der FIRECREST zu verbringen. Begeisterte Segler waren beide.

Ich bekam Wolfgang an den Apparat. Martin war mit einem Forschungsauftrag auf Öland in Schweden, aber Wolfgang hatte Zeit! Da kam mir der Gedanke, wie wir Ludolfs Transportproblem von Sonderburg lösen konnten. Fünf Minuten später telefonierten die beiden miteinander, und Ludolf erklärte, wo er seinen Wagen in Kiel untergestellt hatte und wo sich die Schlüssel befänden, und Wolfgang, der schon startklar war, brauchte nur noch einzusteigen und nach Sonderburg zu fahren. Die Zeit bis zu seiner Ankunft verbummelten wir in der Stadt.

Es war abends – wir tranken gerade ein Abschiedsbier in der Hafenkneipe gegenüber unserem Liegeplatz, als Wolfgang hereinkam. „Ich habe den Zettel am Niedergang gelesen", sagte er und schüttelte uns die Hand. Nach dem Abschiedsbier bestellten wir noch eine Begrüßungsrunde.

Wolfgang: rotblonder Bart, lachende Augen, Jeans und Norwegerpullover – man würde eher erwarten, ihn dänisch sprechen zu hören. Mit ihm und seinem Bruder Martin habe ich die Sommerferien meiner Kindheit verbracht. Die gleiche Liebe zur Natur, die mich zum Seemann und Reisenden aus Leidenschaft gemacht hat, brachte Wolfgang zur Geologie und Martin zur Biologie. Wieder hatten sich die Perspektiven des weiteren Törnverlaufs geändert.

Der Abschied von Ludolf fiel schwer und war kurz: Männlicher Blick ins Adlerauge, eine Minute später bog er mit seinem Cabriolet um die nächste Ecke. Einen Moment lang tauchte das dunkelblaue Verdeck zwischen der Gitterkonstruktion der Hebebrücke auf, dann war er verschwunden.

Wolfgang räumte seine Sachen ein und ich verstaute die Kiste „Flensburger", die er mitgebracht hatte. Wir tranken auf gute Reise und windiges Segelwetter.

FRISTVERLÄNGERUNG

Endlich Lyø
Das Sonnenboot

DIENSTAG

Als wir am nächsten Morgen das Niedergangsluk zurückschoben, sahen wir unseren Trinkwunsch für heute morgen bereits erfüllt. Die Sonne schien vom klaren Himmel, und der Danebrog beim Schloß knatterte im frischen Westwind. Nach dem Frühstück wurden wir sofort aktiv. Ich kaufte Brot, Milch, Butter und anderen notwendigen Nachschub beim Bäcker, und Wolfgang füllte alle Wasserkanister und den großen Tank, so daß wir über 120 Liter verfügten, genug für die nächsten Tage bei unrationiertem Verbrauch. Für unterwegs bereiteten wir eine große Kanne Erbsensuppe.

Hafengebühren waren bezahlt, wir warfen los. Mit der stumpfen Rückseite des Bootshakens setzten wir uns von dem Fischkutter ab und tuckerten hinaus in den Sund. Hand über Hand zog Wolfgang das Großsegel am Mast empor, dann die Fock und den Klüver. Die Maschine schwieg. Wir ließen die alte Festungsanlage an Backbord und segelten an der Holzschiffswerft vorbei, wo gerade ein alter Marstalschoner auf Slip lag und überholt wurde. Vor uns breitete sich die vom grellen Morgenlicht versilberte Ostsee. Wir segelten – was für ein Gefühl!

Der West schob uns vorbei am Eingang zum Hørup Hav, wo man geschützt vor Anker liegen kann. Wir ließen Middelgrund an Steuerbord und passierten an Backbord die hellgrün leuchtenden Küstenflachs Fiskersand und Flejmose Sand. Inmitten von Bäumen und Kornfeldern grüßte uns Kegnæs' Leuchtturm von der Anhöhe herab, an seinem Fuße die sonnenbeschienene Steilküste, über ihm der knallblaue Himmel, weit an Steuerbord Deutschlands Küste und voraus an der Kimm die Insel Ærø.

Hinter Kegnæs fuhren wir eine Halse und steuerten ENE. Wolfgang am Rad freute sich, und seine Augen leuchteten. Sein lustiger Gesichtsausdruck ließ jeden Augenblick eine trockene Bemerkung erwarten. Aber er schwieg und genoß das Segeln.

Mit einer Meile Küstenabstand legte ich den Kurs zwischen Pøls Huk und der Osttonne von Pøls Rev hindurch, so daß wir klar von Untiefen blieben. Dann luvte Wolfgang an und ging an den Wind. Dicht unter Alsens Küste segelte FIRECREST nordwärts. Wir hatten zusätzlich das Topsegel gesetzt und liefen 4 Knoten in der ruhigen See unter der schützenden Luvküste.

Wir lösten uns am Ruder ab. Ich saß seitlich neben dem Rad auf dem schrägen Deck, die Füße auf der leeseitigen Cockpitkante, und fühlte das wiegende, schwingende Holzdeck unter meinem Hosenboden. Ich nahm ein Nylonbändsel und belegte das Ruder mit langem Ende an der Baumstütze. Nach einigem Probieren steuerte sich die FIRECREST von selbst. Mit ihrem langen, tiefen Kiel und der verhältnismäßig niedrigen, aber langgestreckten Segelfläche hielt die Yacht wunderbar Kurs.

Wolfgang klapperte im Vorschiff mit Geschirr und balancierte schließlich mit zwei Bierflaschen in den Hosentaschen und zwei dampfenden Schüsseln voller Erbsensuppe in den Händen nach achtern. Wir löffelten in Ruhe unsere Suppe, und die FIRECREST zog unbeirrt ihre Bahn.

In Momenten wie diesem wurde mir wieder bewußt, wie sehr wir uns beim Segeln in die Harmonie mit der Natur und ihren Kräften begeben, wenn wir uns ihrem Rhythmus angleichen und uns von ihr davontragen lassen, indem wir ihre unerschöpflichen Energien nutzen, ohne zu zerstören.

Gegen Mittag passierten wir eine halbe Meile an Backbord die beiden weißen Hafenleuchttürme von Mommark. Seitdem die große Fünenfähre vom 4 Meilen nördlich gelegenen Fynshav operiert, dient Mommark vor allem als Yachthafen und ist auch entsprechend umgebaut worden. Nur noch eine kleine altersschwache Fähre fährt von hier nach Søby auf Ærø. Um dem Hafen mehr Schutz zu geben, hat man die steinernen Schutzmolen verändert. Beim Einlaufen solltest du die kleinen roten Tonnen in der Nähe der Einfahrt an Backbord lassen, wenn du nicht auf die vorgelagerte Untiefe laufen willst.

Von Mommark aus setzte ich Nordkurs ab hinaus in den Belt. Je weiter wir uns aus dem Landschutz entfernten, desto mehr briste es auf. Bei W zu N 5 begann die FIRECREST, mit dem Schanzkleid Wasser zu schöpfen, und wir bekamen nasse Füße. Wolfgang war wieder am Ruder, und ich ging nach vorn, um das Topsegel wegzunehmen. Doch die Maßnahme hielt nicht lange vor. Der Wind wurde böig und frischte weiter auf. Immer wieder tauchte das Leedeck unter Wasser und Schaumzungen leckten ins Cockpit. Wir steckten ein Reff ins Groß. Dann stand die Leinwand wie maßgeschneidert, Ruderdruck und Luvgierigkeit hatten nachgelassen, leicht drehte das Rad, und die Yacht reagierte freudig wie ein gutgelauntes Pferd.

An Steuerbord erstreckte sich die hügelige Insel Lyø mit ihrer flügellosen Mühle freundlich in der Sommersonne. Ich wußte, daß sie in Lee mit einer weiten geschützten Ankerbucht lockte. Die Versuchung war groß ... Ich hatte schon oft in der Bucht von Lyø Havn geankert. Diesmal wollte ich endlich an Land kommen und mir die Insel ansehen!

Als wir die Untiefentonne von Lyø West Flak passiert hatten, fielen wir ab und steuerten in den Lyø Krog, die breite ausgebuchtete Durchfahrt zwischen Lyø und Fünen. Mittendrin luvten wir hart an und segelten hoch am Wind auf die Halbinsel Horne Næs zu. Ich holte das Leebackstag dicht, Wolfgang wirbelte das Rad herum, und die Yacht ging durch den Wind, aber die Vorsegelschoten blieben belegt und hielten Fock und Klüver back. Das Boot lief aus, jetzt Ruder hart nach Luv und belegt – wir hatten beigedreht!

Es gab keine Notwendigkeit für dieses Manöver, außer daß wir einfach Lust dazu hatten und ich Wolfgang zeigen wollte, wie schön mein Schiff reagierte. Wir genossen die plötzliche Ruhe in der rollenden, aufgewühlten See. Langsam ließen wir uns an der langen Sandbank Lyø Rev vorbeitreiben, die sich im Halbkreis nach Nordosten erstreckt und die geschützte Bucht Lyø Havn umfaßt. An ihrem Ende lag dicht neben der hellgrün schimmernden Untiefe eine grüne Tonne, die das Fahrwasser für die durchgehende Schiffahrt markierte. Hoch am Wind aufkreuzende Segelboote passierten uns stampfend mit gischtbesprühten Decks, die Besatzung ölzeugvermummt im Cockpit.

Wir aßen Kranzkuchen mit Marzipanfüllung aus Sonderburg und tranken Kaffee mit „Piskefløde“ (Sahne) aus der Thermoskanne. Wir lagen im Schutz des schrägen Decks, sonnten uns und horchten auf das summende Lied des Windes in der Takelage. Als wir satt und zufrieden waren, räumten wir das Geschirr beiseite, bändselten das Ruder los und ließen die Vorsegel nach Lee umschlagen. Sofort sprang die Firecrest wieder an.

An der Nordseite von Lyø gibt es eine lange Mole. Sie ist 250 Meter weit in die See hinausgebaut und dient als Anleger für Fähren und kleine Schiffe. Auch Yachten können dort festmachen. Hoch am Wind segelten wir dicht an den Molenkopf heran. Eine alte dänische Gaffelketsch hatte dort festgemacht, und um sie herum, wie Küken um die Henne, lagen eine

Handvoll Sportboote. Das eine oder andere Augenpaar musterte uns mißtrauisch, als wir unter vollen Segeln immer näher heranrauschten. Drei Bootslängen vor dem Päckchen wendeten wir in einem engen schaumigen Bogen.

Auf der Pier wurde gerade gegrillt. Hier war für unseren Geschmack zuviel Betrieb. Auf Steuerbordbug segelten wir so weit, bis wir die Untiefe Lyø Trille dicht vor uns hellgrün durchs Wasser schimmern sahen. Dann drehten wir abermals in die Wende und machten den Anker klar zum Fallen.

Wolfgang hielt auf das Innere von Lyø zu, und ich barg die Fock, um die Manövriergeschwindigkeit herabzusetzen. Ich steckte die Ankerkette aus, daß sie im langen Bogen bis zur Wasseroberfläche hing und machte Groß- und Klüverfallen klar zum Fieren. Dann brachte Wolfgang die Firecrest so hoch an den Wind, so daß wir nur noch geringe Fahrt machten. Er schaute durchs Luk auf die Echoanzeige und rief in kurzen Abständen die Tiefen nach vorn: „4 Meter, 3, 5, 3 . . . " Ich gab das Zeichen, Wolfgang luvte, die Yacht drehte in den Wind, sackte zurück, der Anker fiel. Während ich langsam Kette steckte, nahm Wolfgang die Segel weg. Um sicherzugehen, steckten wir die Kette auf 30 Meter aus, dem Zehnfachen der Wassertiefe.

Aber ich war noch nicht zufrieden. Das beste Mittel gegen sorgenvolle Grübeleien während unserer Inselwanderung war ein zweiter Anker. Wolfgang brachte ihn mit dem Dingi in einem spitzen Winkel zum Hauptanker aus nach backbord. Jetzt war ich beruhigt.

Wir lagen vor Seegang aus SE bis NNW hervorragend geschützt, aber der Wind heulte und summte, von der niedrigen Landzunge ungebrochen, im Rigg. Dadurch wurde das An-Land-Pullen etwas mühsam, denn wir ruderten gegenan, um uns den Rückweg zu erleichtern.

Nicht zum ersten Mal dachte ich an meinen kleinen Außenbordmotor, den ich wieder verkauft hatte. Er war eine große Erleichterung, aber nach einer gewissen Zeit hatte ich mich an seine Annehmlichkeiten gewöhnt, und er begann zu stören: Sein Platzbedarf, seine Wartungsforderungen, das Öl und der Benzingeruch, den er verbreitete, das Ersatzteillager, das er in Anspruch nahm und der Lärm, den er verursachte – und so haben wir uns getrennt. Seitdem stählen sich meine Muskeln erneut, und meine Sinne schärfen sich für Wind, Wellen und Strömung, denn ich muß wieder rudern. Aber macht es nicht einen Teil dessen aus, was wir auf dem Wasser suchen: einfaches, unkompliziertes Leben in der Natur?

Nun, in diesem Moment, da ich meinen an sich gar nicht so schwergewichtigen Vetter gegen die Böen über das gekräuselte Wasser von Lyø Havn ruderte, hätte ich der Versuchung, den Außenborder anzuwerfen, nicht widerstanden.

Endlich wurde das Wasser flacher, und es knirschte unter dem Kiel. Wir zogen das Dingi auf den steinigen Strand, drehten es um und stiefelten los. Am Strand entlang und über Sandwege an Feldern, Wiesen und Knicks vorbei, erreichten wir das idyllische Inseldorf Lyø By. Die Mülltüte verschwand in der ersten Tonne, die am Wege stand. Dann suchten wir einen Laden. Was an Bord eines Seeschiffes immer knapp wird ist Gemüse. Damit deckten wir uns reichlich ein.

Mit dem Einkaufsnetz über der Schulter wanderten wir in der Nachmittagssonne weiter über die Insel, vorbei an der flügellosen Windmühle zur Steilküste, wo der steife WNW an den Haaren zerrte und in monotonem Rauschen die Brandung auf den Strand warf. Wir folgten der Küste nach Norden und stießen wieder auf die Nehrung, hinter der die Firecrest vor Anker lag.

Austernfischer und kreischende Möwen flogen auf, als wir weiter hinaus zum Lyø Rev wanderten. Rechter Hand schwoite die weiße Yacht an ihren Ankerketten, und in der Ferne am Strand leuchtete der hellblaue Dingiboden in der tiefstehenden Sonne. Draußen am Ende der Landzunge, wo der Kiesstrand steil in die Tiefe abfällt, sahen wir am Ufer die Quallen mit beträchtlicher Geschwindigkeit nach Osten treiben. Der Westwind verursachte Strom in der Enge.

Als wir vorhin beigedreht lagen, war uns aufgefallen, wie schnell die Firecrest nach Osten versetzt wurde. Wir stoppten mit unseren Armbanduhren ab, wie lange eine Qualle benötigt, um eine Uferstrecke von 10 Metern treibend zurückzulegen: 25 Sekunden. Es war eine einfache Relingslogrechnung:

$$\frac{10\ \text{m} \cdot 2\ (\text{Konstante})}{25\ \text{sek}} = 0.8\ \text{Knoten Strom}$$

Zurück zum Beiboot – diesmal ruderte Wolfgang. Aber er tat sich leicht, denn der Wind schob uns, und Wolfgangs Arbeit an den Riemen erschöpfte sich darin, Kurs zu halten und aufzupassen, daß er nicht an der Firecrest vorbeitrieb.

Um jederzeit manövrierklar zu sein, hievten wir das Dingi an Deck und setzten es in seine Klampen. Langsam verspürten wir Hunger auf Abendbrot. Ich improvisierte aus unseren frischen Einkäufen eine „italienische Gemüsepfanne“: In einer Sauce aus Butter, Kräutern, Käse, Wasser und Wein wurden Karotten, Pilze, Bohnen, Porree, Zwiebeln und etwas Blumenkohl geschmort. Dazu gab es Rotwein aus unseren schwindenden Beständen.

Als wir nach dem Essen wieder an Deck schauten, hatte sich der Ankerplatz belebt: Zwei kleine Yachten schwoiten in der Nähe an ihren Ketten. Ein einzeln ankerndes Boot ist für andere Segler wie ein Magnet, ein Aufruf, der verkündet: Kommt her, hier ist es geschützt, und der Ankergrund ist gut! In diesem Fall stimmte es sogar. Doch Vorsicht! Und wenn noch so viele Yachten auf derselben Reede vor Anker liegen – wer sagt denn, daß nicht alle dem schlechten Beispiel des Ersten, der vielleicht nur Kaffee trinken wollte und längst wieder fort ist, gefolgt sind nach dem Motto: „Viele können nicht irren?" Unwahrscheinlich?

Selbst Bernard Moitessier, der große Fahrtensegler, hat so 1983 seine berühmte JOSHUA verloren. Er lag inmitten eines Feldes von eng nebeneinander gepackten Ankerliegern viel zu dicht unter der Küste der niederkalifornischen Halbinsel. Als plötzlich auflandiger Sturm losbrach, wurden JOSHUA und 25 andere Yachten auf den Strand geworfen und zu Wracks zerschlagen.

Wir unterhielten uns über dieses Thema, als wir in Windjacken an Deck saßen und die Sonne allmählich im Westen in einer schwarzen Wolkenbank untergehen ließen. Eine halbe Meile nördlich von uns begann auf seinem unscheinbaren Pfahl das Leuchtfeuer Lyø Rev zu blitzen. In den Wohnstuben der Inselbauern wurden die Lampen eingeschaltet.

MITTWOCH

Mitten in der Nacht fuhr ich erschrocken auf: Heulen, Krachen und lautes Prasseln an Deck, das Schiff legte sich einige 10 Grad auf die Seite und zerrte an den knarrenden Kettenstoppern. Eine Sekunde später stand ich in der Koje, sprang zum Niedergang, schob das Luk zurück – und knallte es gleich wieder dicht – dicke Hagelkörner pfiffen mir um die Ohren. Blaues Blitzen und Krachen in derselben Sekunde, FIRECREST richtete sich auf, schwoite herum und kippte um 10 Grad auf die andere Seite. Im Heulen und Prasseln ein anderes Geräusch: hölzernes Rucken und Pochen direkt vom Kajütsdach – das Dingi! Wir hatten vergessen, es zu laschen! Ich zog den Pyjama aus und sprang an Deck.

„Was ist los? Soll ich dir helfen?" hörte ich noch Wolfgang, der aufgewacht war, da hatte ich die Luke bereits hinter mir zugeschoben. Regen und Graupel peitschten meinen schlotternden nackten Körper, auch mal an der falschen Stelle. Die Bö kam aus NW, zum Glück von der richtigen Seite! Die Ankerlampe brannte. Hastig warf ich die Laschings übers Dingi, zurrte sie fest. Schnell noch einen Blick in die Runde: Ein Blitz, begleitet von einem krachenden Donnerschlag, erhellte die Bucht – in der Nähe die beiden anderen Ankerlieger, an ihren Ketten zerrend. Unsere Anker hielten, die Lotleine schwamm schön lose in großen Buchten auf der schaumigen Wasseroberfläche.

Einen Augenblick später war ich wieder unter Deck. Ich rubbelte mich mit dem Handtuch ab. Die Kajütsuhr zeigte auf 3 Uhr. „Was war los?“ fragte Wolfgang. „Das Dingi wäre beinahe davongeflogen“, erklärte ich. Köstlich mollig fühlten sich die Decken an, als ich wieder in meine Koje kroch und mich bis über die Ohren einwickelte. Gespannt lauschten wir dem Unwetter. Blitze erhellten das Innere der Kajüte elektrisch-blau, und das Donnergrollen dröhnte zwischen den hölzernen Schotten. „Hast du eigentlich einen Blitzableiter?“ fragte Wolfgang . . .

Eine Viertelstunde später war die Bö vorbeigezogen. Gleichmäßig rauschte der Regen an Deck. Allmählich erstarb der Donner in der Ferne. Nein, einen Blitzableiter hatte ich nicht . . .

Bei Morgengrauen schaute ich noch einmal an Deck. Der Regen hatte nachgelassen, und die Wolkendecke zeigte große, dunkelblaue Löcher. Frischer Nordwest summte im Rigg.

Am Morgen strahlte der Himmel blau, und die Inseln leuchteten frisch gewaschen zwischen den Horizonten. Wir hatten eine Sicht „von Pol zu Pol“, wie die Seeleute sagen. Dicke Cumuluswolken zogen ihre Schlagschatten über Meer und Landschaft. Das Barometer stieg. Typisches Rückseitenwetter nach Durchzug einer gewitteraktiven Kaltfront mit dem dazugehörigen böigen Nordwest.

Zum Frühstück gab es nur Kaffee und Müsli. Ich hatte Wolfgang vom Aalräuchern erzählt, und wir hatten uns dabei so begeistert, daß wir uns zu einem zweiten Frühstück mit frischem Räucherfisch und warmem, knusprigen Weißbrot entschlossen hatten. Dazu mußten allerdings ein paar Meilen gesegelt werden.

Beim Seeklar-machen behielten wir die Windjacken an. Das Thermometer war seit gestern um einiges gefallen. Wir hievten den Anker, zuerst den schwereren, und setzten Segel. Das Groß stand voll ausgerefft in den Lieken, und als Vorsegel genügten uns für die kurze Strecke Fock und Klüver.

Lyø Havn und die lange Mole blieben achteraus. Wir segelten dicht an die Halbinsel Knolden heran, hielten uns von der Untiefe Knoldsand frei, luvten und machten zwei Kreuzschläge in die Dyreborg Vig, die kleine Bucht vor dem Hafen Dyreborg. Hier waren Herbert und ich vor zwei Wochen durchgesegelt.

Etwa zwei Kabellängen südwestlich des Hafens führt ein 100 Meter langer Steg in die Vig hinein. Dort in der Nähe fiel der Anker auf 4 Meter Wassertiefe, dicht am Rande des Flachwasserbereiches. Wir setzten das

Dingi aus und machten kurz darauf am Ende des 100 Meter langen Steges fest. Die verwitterten, morschen Planken federten unter unseren Schritten. Dann erreichten wir festen Boden und trennten uns.

Wolfgang suchte die Räucherei in Richtung des Hafens, und ich wanderte zum Bäcker in die andere Richtung. Ich schlenderte die Dorfstraße entlang und freute mich über das schöne Wetter, die köstliche Luft, den Duft der Blumen in den Vorgärten und die lustig flatternden Danebrogs vor den frisch gemalten Häusern.

Eine halbe Stunde später trafen wir uns wieder. Wolfgang hatte zwei Aale gekauft und ich ein schönes knuspriges Weißbrot und zwei große Tüten Joghurtdrink, der eine mit Bananen-, der andere mit Erdbeergeschmack.

Wir setzten über zur FIRECREST und saßen bald an Deck und schlemmten und philosophierten über die Auswirkung von gutem Essen auf das Gemüt des Menschen. Wir waren jedenfalls vollkommen zufrieden mit uns und der Welt und ohne jeden Ehrgeiz. Es war gar nicht mehr so wichtig, schnell weiterzukommen.

Doch schließlich hatten wir lange genug in der Sonne gedöst. Das Dingi wurde mit langer Leine ans Heck gebunden, und wir hievten Anker. Mit dem Beiboot im Schlepp segelten wir durch die Enge zwischen Bjørnø und Fünen hinein in den Fåborg Fjord. Spazierensegeln hieß unser Programm!

Auf der anderen Seite der Bucht, zu Füßen der schönen Wassergrundstücke der Fåborger Kaufherren, fuhren wir eine Halse und legten uns vor den Wind, Kurs SSE durch das Grydeløb, die andere Einfahrt in den Fåborg Fjord. Bald sichteten wir die dünnen roten und grünen Spierentonnen, die die Passage zwischen den Gründen markieren.

Auf der untiefenbefleckten Seekarte halfen die hellblau nachgezogenen 2-Meter-Linien sehr, die Lage schnell zu übersehen. Da ich die Gegend gut kannte, reichte ein Blick durch das Kajütsluk auf den darunterliegenden Kartentisch, um mich zu orientieren. Als wir die beiden Tonnenpaare passierten, kletterte die Echolotanzeige vorübergehend bis knapp an die 3-Meter-Marke heran, dann fiel sie wieder in beruhigende Tiefen. Wir hatten das Grydeløb achteraus. Vor uns lag weitgestreckt und hügelig die Insel Avernakø.

Im Moment steuerten wir genau auf den Ankerplatz zu, auf dem Ludolf und ich vor einer Woche gelegen hatten. Damals kam der Wind aus östlicher Richtung, und wir lagen sehr geschützt, doch heute stand hier Seegang und Brandung. Mich interessierte, ob der Revkrog, den wir damals zu Fuß erkundet hatten, bei diesem Wind genügend Leeschutz bot. Oder würde der WNW Stärke 4, den wir jetzt hatten, Schwell auf den Ankerplatz drücken?

Als wir um das Kap Nakkeodde bogen, lag die Bucht vor uns: Keine Ankerlieger, am Ufer keine Boote und auch die gelbe Ankerboje in Strandnähe unbenutzt. Durchs Glas betrachtet, sah die Oberfläche vom Revkrog ruhig und unbewegt aus. Je weiter wir in den Schutz von Nakkeodde segelten, desto geringer wurde der Seegang.

Wolfgang ging nach vorn und machte den Anker klar. Wir segelten einen weiten Bogen, luvten dabei immer mehr an und liefen schließlich hoch am Wind langsam in die Bucht hinein. Das Wasser war klar und durchsichtig. Dicht voraus in Ufernähe leuchtete gelblich der flache Sandgrund. Das Rad wirbelte, Firecrest drehte in den Wind, die Segel fielen, der Anker klatschte über Bord. Ich lotete: In 4 Meter Tiefe klebte Sand an der Lotbutter. Jetzt war es sehr bequem, daß das Dingi bereits einsatzfähig unter dem Heck schwabbelte. Es hatte uns unterwegs nicht im geringsten behindert.

Bei rauherem Wetter allerdings möchte ich vom Schleppen abraten. Das Beiboot füllt sich langsam mit Spritzwasser und kann auch ganz plötzlich vollschlagen und unterschneiden. Dann bricht entweder die Schleppleine oder am Dingi geht die Leinenbefestigung zu Bruch, womöglich reißt sogar der Bug heraus, wenn es nicht mehr ganz neu ist. Und wenn doch alles hält, hast du unversehens das Tonnengewicht eines wassergefüllten Dingis im Schlepp, das wie ein Seeanker wirkt. Es ist eine undankbare Aufgabe, ein vollgeschlagenes Boot bei bewegter See zu bergen, womöglich wenn man sich gerade auf Leegerwall befindet.

Als Firecrest in die Kette eingetörnt war, machte sich doch leichter Schwell bemerkbar. Das war bei Nordwest kein Wunder. Zwar deckte uns die Küste von Avernakø gegen den Wind ab, aber die Wellen wurden um Nakkeodde herum im Bogen nach innen gelenkt und rollten als schwache Dünung bis an unseren Ankerplatz. Wie Lichtbrechung muß man sich das vorstellen.

Die Wellen kamen von steuerbord, der Wind von vorn. Die Folge war, daß wir begannen zu rollen. Nicht stark, aber doch lästig. Wir überlegten, was wir dagegen unternehmen sollten. Einerseits konnten wir von achtern eine Spring auf die Ankerkette setzen und uns damit soweit herumholen, daß der Bug auf die heranrollende Dünung zeigte. Andererseits konnten wir auch den Spinnakerbaum quer nach einer Seite ausbringen und an sein äußeres Ende waagerecht einen unserer Autoreifenfender hängen, etwa einen Meter tief unter die Wasseroberfläche. Jedes Überholen des Schiffes zu der entgegengesetzten Seite würde durch den Widerstand des am langen Hebel durchs Wasser hochgezogenen Reifens gebremst, und es würden sich keine großen Schwingungen aufbauen können. Wir entschieden uns für die Reifenmethode, und bald darauf lag die Firecrest ruhig und senkrecht.

Es war romantisch und abgeschieden hier. Der weiße Sandstrand der Landzunge, die uns nach Süden abschirmte, hob sich zu grünen Wiesen. Unter Bäumen lag das Landhaus des dänischen Reeders Mærsk Møller, davor der winzige Privathafen, dahinter der Rabenberg und die Steilküste von Nakkeodde.

Wir schalteten das Radio ein, und der Wettersprecher erzählte von abflauenden, rückdrehenden Winden, das Barometer stieg weiter. Auf der Wetterkarte kündigte sich in der Ferne zwar ein neues Tief an, doch mit großen Abständen zwischen den Isobaren, also geringen Druckunterschieden und geringen Windstärken. Wir entschieden uns zu bleiben: zu baden, Wäsche zu waschen, zu lesen, zu schreiben, Tee zu trinken und zu rauchen. Unser Programm wurde ausgeführt, und so verging der Nachmittag. Erst sah es so aus, als sollte der Tag in einem ganz gewöhnlichen entspannten Sommerabend enden, als eine Abwechslung von außen eintrat in Gestalt einer ungewöhnlichen Segelyacht.

Denk dir das alte hölzerne Rettungsboot eines abgewrackten Frachters. Jemand kauft den Rumpf beim Abwracker, baut einen ausrangierten Dieselmotor ein und stellt einen Mast auf. Viele Jahre segelt er so auf der Ostsee, so wie wir damals mit der Mim. Eines Tages wird es ihm in dem offenen Boot doch zu ungemütlich, er ist auch nicht mehr der jüngste, und er schreibt ein Schild „zu verkaufen".

Es kommt ein junger Mann daher in geflickter Jeans, Bart und Parka, er träumt von Südsee und Aussteigen, und er überlegt, wie praktisch so ein schwimmendes Zuhause ist. Er pumpt seine Freundin an, zwei Freunde machen auch noch mit, und gemeinsam kaufen sie das, was eigentlich ein halbes Wrack, in ihren Augen aber beinahe eine Yacht ist. Sie haben sogar ein etwas schlechtes Gewissen, denn Yachten sind ja die Statussymbole nach Geld stinkender Kapitalisten.

Da sie Platz brauchen und an Bord leben wollen, bauen sie eine hohe Kajüte auf den alten Rumpf, die wie eine große Holzkiste aussieht, und überziehen sie mit Kunststoff, damit sie dicht wird. Mitten aus dem Kajütsaufbau ragt der alte Mast. Die untere Reffbahn des Großsegels wird einfach abgeschnitten und der Großbaum einen Meter höher gesetzt, um Platz für den Aufbau zu schaffen. Dafür stellen sie hinten einen Jollenmast auf, der ein kleines Besansegel führt. Der Kutter ist zur Ketsch geworden. Das soll ja für Langfahrten die beste Takelage sein. Ans Heck werden bizarre Stahlrohrdavids geschraubt, die ihnen ein Freund geschweißt hat. Dazwischen hängen sie ein großes Plastikschlauchboot, das Geschenk eines anderen Freundes. Die Ruderpinne wird ein Stück abgesägt und über Drähte und Umlenkrollen mit einem kleinen, gedrechselten Steuerrad an der Rückseite des Kajütsaufbaus verbunden. So wächst aus wenig Geld, viel Idealismus und Gruppenarbeit ein seltsames Vehikel.

Dieses „Sonnenboot" trieb draußen vor der abflauenden Abendbrise dahin, barg die Segel und tuckerte zu uns in die Bucht. 50 Meter entfernt wurde ein großer, rostiger Anker über die Seite geworfen und obendrauf eine Menge Kette und Tauwerk. Im Besan flatterte eine kleine, zerzauste deutsche Flagge. In allen Farben und besonders viel Rot, Blau, Weiß und Grün schillerte das Fahrzeug, frisch gemalt oder abgeblättert. Mein Seemannsauge ruhte selbstgefällig auf einem schwimmenden Untersatz, der endlich einmal noch mehr Mängel und konstruktive Ungereimtheiten in sich vereinigte, als mein eigener.

Drüben an Deck wehten Patriarchenbärte und flatterte Gebatiktes, bemüht, den Gesetzen der Seefahrt auf den Grund zu kommen. Als Ankerball zogen sie einen in ein Einkaufsnetz eingebundenen, geschwärzten Fußball in die Saling – warum auch nicht? Meine ironischen Gedanken schwammen auf einer Welle der Sympathie, denn was uns auch äußerlich trennen mochte, hier waren Segelfreaks, genauso Verrückte wie ich selbst, die die Freiheit der windigen See der starren Ordnungswelt des festen Landes vorzogen.

Wir winkten rüber, und sie winkten zurück, zwei Mädchen und drei Männer. Dann verschwanden sie alle von Deck. Wolfgang und ich unterhielten uns über das seltsame Schiff. Ob Seelenverkäufer oder Millionärsyacht, beide dienten dazu, übers Wasser zu segeln und Zufriedenheit zu erzeugen. Ihre unterschiedliche Ausstattung war lediglich ein Gradmesser dafür, wieviel künstliche Hilfsmittel die einzelnen Menschen benötigten, um sich über diesen Erdball fortzubewegen.

Nach einer gewissen Zeit erschienen drüben zwei Männer an Deck und ließen das Schlauchboot zu Wasser. Dann stiegen sie ein und pullten direkt auf uns zu. „Hallo", rief der eine, ein Hagerer mit schwarzem Fusselbart,

„könnt ihr uns helfen?“ „Warum nicht?“ antwortete ich und dachte: Aha. „Was gibt’s denn?“ „Habt Ihr eine Seekarte von der Gegend, die wir uns abzeichnen können?“ Ich stutzte. „Von welcher Gegend? Von hier? Wie seid Ihr denn hergekommen?“ Es war offenbar das Du angesagt. „Wir haben eine Karte. Aber da ist nicht alles drauf.“ Es dämmerte mir, daß hier erfahrene Hilfe notwendig war. Ohne es zu wollen, wurde ich gönnerhaft. „Ihr dürft euch gerne was abzeichnen. Vielleicht können wir euch auch ein paar alte Karten geben. Aber dürfen wir erstmal sehen, was ihr selber schon habt?“

Auf diese Weise kamen wir an Bord der PEACE IN THE SUN. Die beiden Mädchen und der dritte junge Mann begrüßten uns. Unter Deck war es sauber und gemütlich, bunt angemalt und die Schotten mit Gurubildern und Ostasiatika behängt. Gleich hinter der Tür ins Deckshaus lag auf einem großen Kartentisch, unter dessen Platte der Dieselmotor verborgen sein mochte, eine Übersichtskarte der dänischen Inseln von 1958, darunter eine Karte der Kieler Bucht und eine von der Schlei, beide aus den Siebzigern, noch mit dem alten rot-weißen Betonnungssystem. „Ihr wißt, daß sich die Tonnen und Seezeichen vollkommen verändert haben?“ „Ja, das schon . . .“

Mit dem zweiten der Schlauchbootfahrer entspann sich jetzt ein ausführliches Fachgespräch. Ich stellte beruhigt fest, daß Navigation und Seemannschaft Dinge waren, die ihn sehr interessierten und über die er schon viel gelesen hatte. Nur die Praxis fehlte leider. Aber das ließ sich nachholen. Er war der Kapitän an Bord, ein kleiner, fülliger Bursche mit vor Begeisterung blitzenden Augen, ein Energiebündel. Er erzählte, wie sie ihr Boot zurechtgebaut hatten. Ich spare mir die ganze Geschichte, die ein Buch über die seltsamen Wege der Menschen zu ihren Träumen füllen könnte.

Interessant war die Rollenverteilung in der Schiffsführung. Er, der kleine Dicke, war der seemännische Führer des Schiffes, der Hagere mit dem schwarzen Bart hingegen sozusagen der Chefideologe, der große Gesamtplaner. Sie erinnerten mich an die alten Galeonen der Spanier und Portugiesen. Dort hatte der Schiffsherr mit den Belangen der täglichen Schiffsführung auch nichts zu tun, er brauchte nicht einmal etwas davon zu verstehen. Das machte alles der Unterkapitän. Das System hatte ein Weltreich lang funktioniert.

Wir ruderten an Bord der FIRECREST zurück. Die Schiffsführung der PEACE IN THE SUN folgte uns im Schlauchboot. Ich schenkte ihnen meine ganzen ausgemusterten Seekarten, die ich als Ballast schon eine ganze Weile mit mir herumfuhr, und wir begannen, sie anhand der neuen in Sysiphusarbeit zu berichtigen. Ich zeigte ihnen den Trick mit den nachgezogenen Tiefenlinien und schrieb ihnen eine Art Törnberatung für ihr derzeitiges Ziel,

Skagen, auf die Rückseite einer Seekarte. Weil sie die Liegegebühren in den Häfen sparen wollten, zeichnete ich auch alles auf, was mir über das Ankern wichtig erschien, notierte ein paar einfache Rechenschemata zum Navigieren, machte Checklisten für Nebelfahrt und Nachtfahrt.

Die jungen Männer hörten sich dankbar die Ratschläge an und luden uns, als die Hauptarbeit getan war, zum Abendessen ein. So saßen Wolfgang und ich schließlich bei unseren Nachbarn in der geräumigen, breiten Kajüte und aßen dicken, wohlschmeckenden Gemüseeintopf. Das Bier dazu stammte von uns. Später gab es Tee.

Wir waren eine in jeder Hinsicht gemischte Runde und weltanschauliche Themen wurden aus der Diskussion nicht ausgeklammert. Träume und Ideale, Strategien zu ihrer Verwirklichung und die damit verbundenen gesellschaftlichen und sozialen Probleme – und immer wieder Segeln und Reisepläne.

Spät in der Nacht ruderten Wolfgang und ich über die schwarzspiegelnde Bucht auf die Silhouette der FIRECREST zu. Im Rigg brannte ruhig wie ein Fixstern meine alte chinesische Ankerlampe.

Rolling Home

Flaute und Windsprung
Heimathafen

DONNERSTAG

Meilenweit hatte die Morgenflaute ihre blaugraue Plastikfolie über die See gezogen, als ich verschlafen das Luk zurückschob und in die warme Sonne blinzelte. Im Pyjama tappte ich nach vorn und löschte die Ankerlampe. Ich hängte die Badeleiter über die Seite, zog mich aus und sprang beherzt über Bord. Eiskalt packte mich das Wasser, daß mir die Luft wegblieb. Während der letzten windigen Tage war viel kaltes Tiefenwasser nach oben gewirbelt worden. Schnell kraulte ich eine Tapferkeitsrunde ums Schiff und kletterte schlotternd zurück an Bord. Als Wolfgang mich naß und frierend an Deck sitzen sah, entschied er sich spontan für Katzenwäsche am Waschtisch. – Bald dufteten gebratene Spiegeleier durchs Schiff.

Als ich nachher beim Geschirrabtrocknen aus dem Vorluk in den Masttop guckte, sah ich den Stander in leichter Bewegung. Ein Hauch aus West trieb die Fäden von Altweibersommer über das Wasser. Überall im Rigg glitzerte es wie haarfeines Lametta. Wir zogen den Anker aus dem Grund und setzten jeden Lappen. Drüben auf der Peace In The Sun rührte sich an Deck noch gar nichts. Langsam trieben wir auf sie zu.

In Anbetracht unserer Vertrautheit von gestern abend erlaubte ich mir einen Scherz: Ich richtete das Nebelhorn direkt auf ihren Niedergang, und als wir wenige Meter an ihnen vorbeiglitten, tutete ich mit aller Kraft. Eine Sekunde später schob sich der Schatten unserer Segel dramatisch über ihre

Kajütsfenster. Die Wirkung war toller, als ich gedacht hatte: Explosionsartiges Poltern und Rufe unter Deck und nahezu gleichzeitig drängte die ganze Gesellschaft halbnackt und erschrocken ins Freie!

Wir lachten und riefen, sie sollten sich schämen, den schönen Tag zu verpennen. Süßsäuerlich winkten sie, und halblaut drang eine böse Verwünschung zu uns herüber. – Wenn ich jetzt darüber nachdenke, gebe ich zu, daß der Scherz wohl doch etwas unüberlegt war. Außerdem scherzt man nicht mit Signalmitteln.

Mit NE-Kurs segelten wir langsam aus der Bucht und lagen die grüne Tonne nördlich Flæskholm an. In schleichender Fahrt teilte die FIRECREST das ruhige Wasser. Einen Knoten machten wir, und wie es aussah, sollte es dabei bleiben. Die Kimm verschwand im Dunst, und nur zögernd bildeten sich einzelne Cumuli.

Wenigstens bot uns der leichte Wind die Gelegenheit, mal wieder zu angeln. Ich zeigte Wolfgang, wo die Angelausrüstung lag, und er machte sich gleich daran. Bald sank der Blinker mit den Scherbrettern in die Tiefe. 13 Meter loteten wir. Hier in der Nähe von strömenden Meerengen sollte eigentlich ein gutes Fischrevier sein. Doch es ereignete sich wenig. Die Sehne führte vom Heck steil in die Tiefe und wanderte langsam wie ein Uhrpendel von steuerbord nach backbord.

Eine Stunde später hatten wir die grüne Tonne bei Flæskholm Flak nördlich passiert und änderten nach Osten Kurs Svendborg Sund. Mit genau achterlichem Wind baumten wir die Fock und den großen Flieger aus und setzten die Bullentalje auf den Großbaum. Schneller wurden wir dadurch auch nicht.

Wolfgang, der ab und zu die Angelschnur kontrollierte, rief plötzlich: „Da ist einer dran!“ und zog einen kapitalen Dorsch an Deck. Doch dann verließ uns das Glück, und als wir nördlich des Skarø Rev standen und der Sund sich vor uns öffnete, holten wir die Angel ein. Es hing nur ein dunkelroter Büschel Seegras am Haken.

An dem gerade noch sichtbaren Kielwasser der Skarø Rev Tonne erkannten wir leichten Oststrom, der uns mit sich trug, um so schneller, je enger der Sund wurde. Das Fahrwasser verläuft hier in einer Richtung von etwa 60 Grad. Doch obwohl auch wir langsam auf 60 Grad gingen, blies der Wind weiterhin genau von achtern: Er folgte den Ufern des Sundes. Um bei dem leichten Wind und gleichzeitig mitlaufendem Strom genügend Steuerwirkung im Schiff zu behalten, durften wir nicht langsamer werden. Deshalb ließen wir alle Segel stehen. Eine Patenthalse bei dieser Windstärke war auch nicht weiter gefährlich.

Aber bei frischem Wind von achtern hätte ich auf jeden Fall, bevor ich in ein so enges und stark befahrenes Revier wie den Svendborg Sund eingelaufen wäre, das Groß geborgen, um nur unter den Vorsegeln weiterzusegeln. Warum? Ich habe einmal Glück gehabt: Ich lief mit einer großen Yacht vor frischem achterlichem Wind in den Svendborg Sund ein. Ich wußte nichts von der Düsenwirkung der beiden Ufer, die gelegentlich auftritt. Je weiter ich in den Sund hineinsegelte und je enger das Fahrwasser wurde, desto stärker wurde der Wind und desto schneller jagten wir dahin. Es war Sonnabend nachmittag und der Sund voller Segelboote.

Als ich merkte, daß die Patenthalse drohte, war es zum Segel-bergen zu spät. Es war ein Bermudarigg mit den Mastrutschern am Segel. Ich hätte nahezu in den Wind drehen müssen, um das Groß herunterzubekommen. Dafür war kein Platz, überall kamen Boote entgegen. Halsen ging auch nicht mehr. Der Wind kam schon soweit von der falschen Seite, daß der Baum in dem Moment übergegangen wäre, in dem ich die Bullentalje losgeworfen hätte. Und zu allem Überfluß segelten zwei langsamere Boote direkt vor mir!

Ich rückte immer dichter heran. Ausweichen war unmöglich! Auf der einen Seite war es flach, auf der anderen Seite überholte mich die Fähre. Vorsegel runter und als das noch nicht genügend brachte, einen vollen Segelsack in der Mitte mit einem dicken Tampen zusammengebunden und bremsend hinterhergeschleppt . . . lassen wir es dabei. Es wurde ein paarmal sehr knapp und es war mir eine Lehre.

Diesmal gab es keine Probleme. Alles ging langsam und bedächtig. Linker Hand zogen die idyllischen Wassergrundstücke der wohlhabenden Svendborger vorbei, und wir genossen die Landschaft. Ein kurzes Stück hinter der Insel Iholm macht das Fahrwasser einen Knick zwischen zwei Untiefentonnen hindurch, einer Nordtonne für die südliche Untiefe und einer Südtonne für die nördliche Untiefe. Hier mußt du aufpassen und die Tonnen genau mitverfolgen! Dahinter verläuft das Fahrwasser etwas versetzt wieder in der alten Richtung.

Wir überstanden den Knick ohne Halse. Der Wind legte auf Beaufort 2 zu, hörbar gurgelte das Kielwasser unter dem Heck – die Düsenwirkung der Ufer! Gegen 16 Uhr passierten wir die Sundbrücke. Dann glitt an Backbord langsam der früher berühmte runde Yachthafen von Svendborg vorbei. Er war einer der ersten Häfen, die speziell für Segelyachten angelegt wurden, rund, um unter Segeln einlaufen und von der Mitte her nach jeder Seite in den Wind drehen zu können – wo dann auch meistens eine Box frei war. Wo sind sie hin, die schönen Zeiten?

Vor der Hafeneinfahrt wechselt die Fahrwasserseite. Wer vom Hafen aus weiter durch den Sund segelt, gilt als auslaufendes Schiff und hat von da an die roten Tonnen an Steuerbord. Oder anders ausgedrückt: Von Osten wie von Westen hat das in den Sund einlaufende Schiff bis Svendborg die grünen Tonnen an Steuerbord, die roten an Backbord. Das sollte man schon wissen, denn wer an dieser Stelle nicht umschaltet, sitzt in Null Komma nichts gut festgesogen auf den Schlickbänken, die das Fahrwasser hier eng begrenzen.

Wir segelten weiter und hatten die roten Tonnen jetzt an Steuerbord. Das Fahrwasser bog nach Süden, wir mußten halsen und anluven. Der Sund zeigte sich in seiner ganzen Lieblichkeit. Von den bezaubernden Ufergrundstücken, an denen wir vorbeisegelten, führten kurze Stege ins tiefe Wasser, und in jedem der hübschen Häuser wünschte ich mir Freunde, bei denen ich anlegen und über den gepflegten Rasen hinaufgehen könnte, um mit ihnen auf der sonnigen Terrasse mit Blick auf das Wasser und die Schiffe Kaffee zu trinken.

Vor uns lag Troense und mein alter Ankerplatz. Eines nach dem anderen nahm Wolfgang die Segel weg und machte den Anker klar zum Fallen. Zwischen der Flotte der Ankerlieger suchte ich nach einer Fläche mit etwas mehr Platz. Dort drehten wir in den Wind und ankerten.

Um uns herrschte fröhliches Leben. Die Menschen genossen den milden Sommerabend. Der alte Sunddampfer warf seinen Schwell auf die Reede, Motorboote flitzten hin und her, alles war voller Segel. Als erstes pullte ich an Land, warf den Müll in die Tonne und ließ Wasser in die Kanister laufen. Skurrile Erinnerungen an zwei merkwürdig schöne Tage und Nächte befielen mich, aber plötzlich hatte ich das Bedürfnis: Bloß weg hier! Hoffentlich hat dich niemand gesehen! dachte ich.

Ich ruderte zurück und versuchte, Wolfgang für meine Programmänderung zu gewinnen. Möglicherweise konstatierte er leichten Verfolgungswahn, aber er war einverstanden. Nach ein paar Verschluckern begann der Motor zu rattern und am Auspuff seine Kühlwasserrülpser auszustoßen. Wir tuckerten mit normaler Marschfahrt, sprich 4 Knoten, über den stillen Sund.

Zuweilen macht es mir Spaß, die Firecrest als Motorboot zu benutzen. Das ist eine gemütliche Sache bei weniger als 1 PS pro Tonne Wasserverdrängung und hochinteressant bei Motormanövern. Die Schraube ragt ein ganzes Stück vor dem Ruder seitlich an Steuerbord aus der Bordwand und ist originellerweise auch noch rechtsdrehend. Man frage einen versierten Motorbootsmann, was das bedeutet! Solange die Yacht Fahrt voraus macht, ist alles in Ordnung. Aber sobald ich den Versuch mache, sie ein paar Meter zurückzumanövrieren, staune ich immer wieder über das Repertoire an unerwarteten Drehungen, das dieses Boot auf Lager hat.

Wir steuerten gegenüber in die Einfahrt zum Thurø Bund. Da die Maschine so schön lief und ich sie mal wieder richtig warmfahren wollte, machten wir eine kleine Rundfahrt durch die malerische lange Bucht. In ihrem Mittelteil kannst du mit deinem Boot bis dicht an die grünen Ufer heranfahren. Unter der Waldkulisse am Südufer lagen bereits mehrere Yachten vor Anker oder an dem kleinen Steg.

Wir motorten langsam zurück zu den beiden Werfthäfen und Bojenfeldern von Thurø By, dem Ort am Eingang der Bucht. Dort legten wir uns vor Bug- und Heckanker zwischen die anderen Ankerlieger: Wir ließen den Heckanker fallen, liefen weiter und steckten das Doppelte an Länge, die bei der Tiefe von 3 Metern nötig war, warfen den Buganker und holten uns an der Heckankerleine wieder soweit zurück, bis wir von beiden Ankern gleichweit entfernt lagen.

Nachdem wir mit großem Appetit unsere Dorschfilets verzehrt hatten, ruderten wir an Land und beschlossen den Abend in einem gemütlichen Lokal am Billardtisch.

FREITAG

Einer meiner Reisepläne für dieses Jahr betraf die Ostküste Langelands. Auf meinem Weg rund um Fünen wollte ich den Kreis auch um Langeland schlagen, schon weil es im Großen Belt immer ein bißchen mehr Tiefwassersegeln ist als in den „foul grounds". Frühmorgens sah es indes nicht so aus, als sollte dieses Unternehmen in wenigen Stunden abgehakt sein: Als ich aus dem Luk schaute, war vom Wind wenig zu spüren. Schlaff hing der Stander im Top. Beim Rasieren begann er allerdings mit leichten „Erektionsversuchen", und als wir am Frühstückstisch saßen, war ein leichter West aufgekommen. Der Wettersprecher sagte West bis Nordwest 3 voraus und berichtete von einem schwach ausgeprägten Tief über der Nordsee, das nordostwärts zog. Als ich gegen das Barometer klopfte, zuckte es ein wenig nach unten.

Wir ließen uns nicht lange bitten. Abwaschen konnten wir bei dem ruhigen Wetter unterwegs. Heckanker hoch, Segel setzen, Buganker hoch, abfallen und mit ein paar engen Kreuzschlägen durch das schmale Fahrwasser in den Sund hinein und Südkurs! Eine Viertelstunde später wichen die Ufer zurück, und wir segelten ins freie Wasser. An Steuerbord lag Schloß Valdemar mit seinem Park und den besonders für mich bestimmten Assoziationen. Da wurde ich abgelenkt, und wir mußten halsen, denn aus dem Westwind war hinter der nächsten Ecke Nordwest geworden.

Leise vor sich hingurgelnd, zog die FIRECREST gemütlich und würdevoll ihre Bahn. Die Thurø Rev Tonne, zunächst nur ein schwarzer Strich am Horizont, wurde langsam dicker und gelb auf der Oberseite mit einem Südtopzeichen darüber. Als wir sie passierten, war unter Deck alles aufgeklart und abgewaschen, die losen Gegenstände seefest verstaut, und eine heiße Suppe stand in der Thermoskanne bereit. Hinter der Tonne legten wir uns mit Nordkurs an den Wind.

Voraus in der Ferne erhob sich mein alter Bekannter, der Elsehoved Leuchtturm, weiß und rot gestreift vor dem Wald. Fast zwei Stunden brauchten wir, bis wir ihn querab passiert hatten. An seinem Fuße sahen wir eine Segelyacht ankern. Man frühstückte gerade im Cockpit und winkte uns zu. Wolfgang machte sich unten am Kartentisch zu schaffen. „57 am Kompaß!" rief er herauf. „57!" wiederholte ich. Das war der Kurs zum Smørstakke Løb, der Rinne durch die Untiefen vor Lohals.

Während sich die blaue See mehr und mehr mit weißen Segeln tupfte, wurde es langsam diesig. Das Barometer war um ein weiteres halbes Millibar gefallen. Die Konturen der Wolken verschwanden im dunstigen grellweißen Himmel. Ganz allmählich ließ die leichte Brise nach. Als wir um die Mittagszeit das Smørstakke Løb passiert hatten und dicht vor Lohals standen, setzte sie erstmalig ganz aus, und die Jagd nach dem Wind begann. Katzenpfoten und Windstreifen huschten über das Wasser. Manchmal bekamen wir einen Hauch zu fassen, segelten fünf oder zehn Minuten, verloren ihn dann wieder und liefen langsam aus, bis wir abermals in totaler Flaute lagen.

Ich zündete Räucherkerzen an und klemmte sie an die Kompaßhaube. Ständig schlurfte einer von uns über Deck, holte hier die Schoten, baumte da die Vorsegel aus, schiftete die Bullentalje, je nachdem, wie wir umhertrieben und aus welcher Richtung sich der nächste Puster ankündigte. Es war anstrengend und ermüdend. Nah und fern tuckerten die Motoren. Flautentreiben scheint die Nerven der meisten Segler zu überfordern. Da ist wohl noch in manchem so etwas von Autobahnmentalität – Wie lange habt ihr gebraucht? – vorhanden.

Je nach Windhauch ausbaumend oder dichtholend, erreichten wir segelschwingend im Zeitlupentempo Hov Sand, die Untiefe nördlich von Langeland. Hier lief nun gar nichts mehr. Am flachen, sandigen Grund, der unter dem Kiel durchwanderte, sahen wir, daß uns die Strömung langsam auf das Flach drückte. Also warfen wir den leichten Anker über die Seite und kochten Kaffee. Alle Segel blieben gesetzt, um bei dem leisesten Windhauch sofort weitersegeln zu können.

Ein seltsamer Anblick – ein Schiff unter Vollzeug vor Anker. Und außerdem nicht ganz korrekt: Aus der Seestraßenordnung geht hervor, daß ein Schiff, welches ohne Zusatzsignale (wie Motorkegel z. B.) Segel gesetzt hat, als Segelschiff betrachtet wird, mit allen dazugehörigen Signal- und Ausweichregeln. Korrekterweise hätten wir entweder den Ankerball setzen und die Segel streichen oder zusätzlich zu den Segeln zwei senkrecht übereinanderstehende schwarze Bälle als manövrierunfähiges Fahrzeug setzen müssen. Dann hätten wir aber nicht ankern dürfen. Nun

– in der Praxis waren wir als Segler in der Flaute manövrierunfähig. Das würde jeder Seemann, der uns sichtete, berücksichtigen, ob Fischer oder Taucherprahm.

Sosehr ich auch den Stander und die dünnen Fäden an den Wanten fixierte, Wind wollte nicht aufkommen. Endlich hatte Wolfgang die geeignete Idee: „Laß uns Lady Shrubbersteel in die Saling heißen!" schlug er vor. „Ich erinnere mich an kein einziges Mal, da das nicht geholfen hat." Lady Shrubbersteel ist die lange Schrubberbürste. Wenn man sie besenaufwärts in den Mast heißt, wird Rasmus früher oder später das Kitzeln und Kratzen spüren, und er wird reagieren. Aber Vorsicht! Nur im Notfall benutzen! – Wir handelten.

Und es kam Wind: Nordost 1–2. Etwa eine Viertelstunde, nachdem Lady Shrubbersteel ihre Position in der Backbordsaling eingenommen hatte, sahen wir im Osten einen weiteren blaugrauen Streifen von Horizont zu Horizont reichen und langsam näherkommen. Kurz bevor er uns erreicht hatte, hievten wir Anker und holten den Schrubber wieder an Deck. Ungelogen! Die Segel killten einen Moment, füllten sich, die FIRECREST legte sich sanft über und begann mit gurgelndem Kielwasser Fahrt aufzunehmen. Wunderbar leicht, wie schwerelos, zogen wir mit 3 Knoten über die ebene Wasserfläche, denn es dauerte noch eine Weile, ehe sich kleine Wellen aufgebaut hatten.

In weitem Bogen folgten wir dem Rand der Untiefen nach Süden, bis wir gegen 17 Uhr mit achterlichem Wind beim Leuchtturm Hov wieder auf Langelands Küste stießen. Nah am Ufer, um möglichst viel von der sonnenüberfluteten Insellandschaft zu sehen, segelten wir südwärts. Die Bauern pflügten die Asche ihrer abgeflammten Felder unter und zeichneten mit ihren Pflügen verschlungene Streifenmuster über die Hügel. Es versprach ein friedlicher Abend zu werden. Wolfgang klapperte in der Kombüse, und die Thermoskanne mit Blumenkohlsuppe stand schon im Cockpit, als die Überraschung kam, mit der man immer rechnen muß.

Vorher: Beaufort 2 aus ENE, alle Segel gezogen, leicht in der Dünung auf- und abschwingend, glitten wir mit Backstagsbrise dahin. Ich saß neben dem Rad gegen die Baumstütze gelehnt, genoß das Segeln. Kein Boot in nächster Nähe, nichts Ungewöhnliches fiel mir auf. Die Wolken waren etwas dicker und dunkler geworden, aber ich beachtete sie nicht. Trotzdem hatte ich irgendwie ein komisches Gefühl.

Da passiert es: Ich blicke voraus, nachdenklich, gucke genauer hin – stutze – und handele! „Wolfgang! Bö!" Gleichzeitig werfe ich die Vorsegelschoten los, hole die Großschot dicht, da ist es schon ganz nah: Gegen den Wind huscht ein dunkler, rauher Schatten übers Wasser, nähert sich von der Küste her mit großer Geschwindigkeit und hat uns im nächsten Moment gepackt. Knallend schlagen die Segel auf die andere Seite, ich hole das Backstag dicht, werfe das andere los, Wolfgang, noch mit einem Bein im Niedergang, holt an den Vorsegelschoten. Weit krängt die Firecrest unter der zunehmenden Bö, rauschende Fahrt hoch am Westwind, es heult im Rigg, das Schanzkleid schöpft grüne schaumige See, unter Deck scheppert es, ich stehe mit einem Bein im Wasser. „Flieger runter!“ rufe ich. Wolfgang ist schon vorn, zerrt den großen leichten Flieger an Deck.

Nachher: Voll und bei jagen wir hoch am Wind die Küste entlang. *„W 4–5, böig“* – so lautet die Tagebucheintragung, die ich machte, als mich Wolfgang später am Ruder ablöste.

Woher kam mein komisches Gefühl kurz vor der Bö? Ich hatte die dicken Cumuli von Westen her gegen den Wind aufziehen sehen, aber die Beobachtung war nicht bis in mein Bewußtsein gedrungen, weil ich von der netten Damenbrise eingelullt war. Soetwas kann schon mal passieren in der „Dänischen Südsee“ und den angrenzenden Inselgewässern: Thermik steht über dem aufgeheizten Land, Luft steigt auf, lokale Seewinde ziehen vom Wasser her kühlere Luftmassen nach – dann setzt sich plötzlich wieder die allgemeine Westwindlage durch.

Wolfgang war nach unten gestiegen und klaubte vom Boden, was heruntergefallen war. Anstatt der Suppenschalen brachte er die Blechtassen, aus denen wir auf dem schrägen Deck unsere Suppe löffelten.

Herrliches Segeln. Doch es briste weiter auf, und bevor wir uns von der Suppe Nachschlag holten, bargen wir das Topsegel. Bald passierten wir an Steuerbord den alten Leuchtturm, der stillgelegt zwischen den Baumkronen des ehemaligen Leuchtturmwärterhofes steht. Hier macht die Küste einen leichten Knick nach innen und bildet eine lange, flache Einbuchtung. Am Ende dieser Einbuchtung liegt der kleine Hafen Spodsbjerg, an dessen steinernen Schutzmolen wir kurz nach 20 Uhr dicht vorbeiliefen. Ich kletterte in den Mast und schaute von oben ins Hafenbecken: Kein Liegeplatz mehr frei – kein Wunder am Freitag abend! Never mind . . .

Südlich Spodsbjerg erstreckt sich das Küstenflach etwas weiter hinaus in den Belt. Deswegen entfernten wir uns ein wenig von der Küste. Unser Kurs führte dicht an dem gelben, ofenrohrähnlichen Wegeleuchtturm vorbei, der dicht unter der Küste im tiefen Wasser steht. Ich wollte an seinem Kielwasser sehen, mit welchem Strom wir rechnen mußten. Um den rostigen stählernen Fuß legten sich langgestreckte Wirbel und Schlieren nach Süden: Mitlaufend – umso besser!

Als wir am südlichen Ende des Flachwassergebietes wieder versuchten, uns der Küste zu nähern, wurde klar, daß wir unseren alten Kurs nicht mehr anlegen konnten. In spitzem Winkel entfernten wir uns mehr und mehr von der Küste und segelten auf den nächsten Leuchtturm zu, Højbjerg, grün angemalt. Firecrest konnte gerade noch 180 Grad anliegen. Eine Meile hinter dem Leuchtturm wendeten wir, um die Küste wieder zu erreichen. Ich hoffte auf eine Art Küsteneffekt, mit dessen Hilfe man zuweilen durch die Beugung des Windes dicht am Ufer höher anliegen kann als draußen auf dem offenen Wasser. Dazu kommt der in Landschutz geringere Seegang und damit geringere Abdrift.

Wir segelten so dicht an die Küste heran, daß wir die Blätter in den Baumkronen rauschen hörten. Auf der 3-Meter-Linie wirbelte Wolfgang das Rad zur Wende und konnte jetzt in Ufernähe wirklich bis zu 200 Grad anliegen. Dafür, daß wir uns nicht zu sehr dem Flachwasserbereich näherten, sorgten die langen Reihen von Netzpfählen, die in Abständen auf unserer Kurslinie lagen und vom Ufer aus bis in die Nähe der 10-Meter-Linie vorgebaut waren.

Vor uns am Steilufer lag der Wald von Eskebjerghave. Dort wollten wir für die Nacht ankern. Der Grund dafür hieß „Wetternavigation". Die Wetterlage: Ein Tief zog nördlich durch und überquerte uns mit seinen Ausläufern. Wir erlebten gerade seine Vorderseite und die dazugehörigen Südwestwinde. Sie wehten uns genau in die Zähne, und um nach Kiel zu kommen, würden wir die halbe oder ganze Nacht gegenankreuzen müssen. Bis morgen dagegen würde das Tief durchgezogen sein, und aus dem Südwest würde ein West oder gar Nordwest werden. Also entschieden wir uns, im Schutz des Landes zu ankern, um die Wetterentwicklung abzuwarten und mit etwas Glück morgen Kiel direkt anliegen zu können.

Wir liefen ein Stück am Wald vorbei und erkundeten die Lage durchs Glas. Dann wendeten wir und liefen vierkant auf die schwarze Silhouette der Bäume zu. Der Platz, den wir ausgewählt hatten, lag im gleichen Abstand zwischen zwei langen Netzpfahlreihen an der nördlichen und der südlichen Waldecke. Ich stand vorn und machte den Anker klar zum Fallen. Sehr nahe sah der Wald in der Dämmerung aus, aber wir hatten immer noch 5 Meter Wasser unter dem Kiel. Wir glitten in den vollkommenen Leeschutz der Bäume. Oben in den Kronen rauschte der Wind, doch in den Segeln stand nur noch ein leichter Hauch.

Wolfgang luvte an, die Segel flappten, langsam lief die Firecrest aus. Auf 3,5 Meter Sandgrund steckten wir 25 Meter Ankerkette. Wir löschten die Positionslampen und zündeten die Ankerlampe an. Dann klarten wir alles auf für einen möglichen Sofortstart bei Wetteränderung. Doch die Wahrscheinlichkeit, bei dieser Wetterlage plötzlich auf Leegerwall zu geraten, war sehr gering. Eine klarere Wettervorhersage konnten wir uns kaum wünschen. Es hatte sich bezogen, die Luft war milde – eine schwache Warmfront kündete sich an. Für Spekulationen blieb gar kein Raum.

Als spätes Abendbrot begnügten wir uns mit zwei großen Bechern „Lumumba" (Kakao mit Rum). Wir saßen noch lange an Deck in der milden Abendluft und starrten auf den dunklen Waldrand am Ufer. Zuweilen hörten wir Rascheln und Brechen dürrer Zweige, und wir rätselten, welche Tiere diese Geräusche verursachen mochten.

Als wir am nächsten Morgen das Luk zurückschoben, hing der graue Himmel voll niedriger Wolken, und feinster Sprühregen wehte durch die Luft. Der Wind hatte etwas gedreht und wehte hinter der Nordkante des Waldes auf den Ankerplatz. Ölzeug war angesagt. Wir hatten es gar nicht eilig, in die Nässe hinauszukommen und frühstückten lange und ausgiebig. Für unterwegs bereiteten wir viel heiße Suppe und Kakao. Das mochte ein nasser Törn werden.

Doch das Wetter meinte es gut mit uns. Als wir fertig gefrühstückt hatten und alles abgewaschen und aufgeklart war, brach plötzlich helles Sonnenlicht durch die Kajütsfenster. Wir rissen die Luken auf. Der Regen hatte aufgehört, blaue Löcher klafften in der Wolkendecke, und der Wind hatte weiter auf Nordwest gedreht und etwas aufgefrischt. Weit und klar erstreckte sich von Norden nach Süden die Küste Langelands.

Es dauerte nicht lange und wir hatten Segel gesetzt und den Anker aus dem Grund. Schnell blieb Eskebjerghave achteraus. An der Steuerbordseite zogen Kiesufer, Wiesen und Felder dahin, bald passierten wir die getarnte Küstenbatterie mit den Geschützen und den spanischen Reitern am Strand, und dann tauchte der Leuchtturm von Keldsnor auf.

Nun gingen wir hart an den Wind. Als wir unter Dovns Klint heraussegelten, nahm uns eine lange, ausgeprägte Dünung aus Westen in die Arme. Wir liefen gut „voll und bei“ und lagen bequem 230 Grad an. Ich legte das lange Lineal über die Karte und sah, daß wir bei gleichbleibendem Kurs westlich des Kieler Leuchtturms herauskamen, uns also ganz aus dem Dampfertreck Kiel–Großer Belt heraushalten konnten.

Ein, zwei Meilen hinter Dovns Klint zog uns der frische Nordwest durch Stromkabelungen und kleine Kreuzseen. Hier treffen die Ströme und Wassermassen zusammen. Bei schwachen Winden, wenn die Oberfläche nicht durch Windseen zerrissen wird, kannst du meilenlange Schaumstreifen beobachten, die die Grenzlinie zwischen zwei ganz verschieden aussehenden Wasserflächen bilden. Dann segelst du plötzlich von einem Gebiet absteigenden Oberflächenwassers mit feingerippter Windsee in ein Gebiet aufsteigenden Tiefenwassers mit quellender, glasigglatter Oberfläche, und du spürst, wie die strudelnden Strömungen am Kiel deines Bootes ziehen. Oft steht bei nachlassenden Westwinden noch lange starker Oststrom, und du kreuzt und kreuzt und kommst doch nicht an Dovns Klint vorbei.

Bei diesem schönen Segelwind hatten wir das Gebiet der Stromwirbel bald achteraus gelassen. Die Windseen wurden länger und ausgeprägter. An Steuerbord in der Ferne lagen Ærø und Marstal am Tor zur „Dänischen Südsee“ und verschwanden langsam unter der Kimm. So segelten wir Stunde um Stunde. Gleichmäßig loggten wir 4–5 Knoten, lösten uns stündlich am Ruder ab, lasen und freuten uns über die problemlose Reise.

Gegen Mittag sichteten wir recht voraus den Leuchtturm von Kiel. Weiße und bunte Segel sprenkelten die Kimm, und als wir am frühen Nachmittag mit Backstagsbrise in die Förde einliefen, verdeckte ein Segel neben dem anderen die Silhouette der Stadt.

Leuchtturm Bülk, Schilksee, Laboe blieben achteraus, am Falkensteiner Ufer drängten sich die Massen, die das Wochenende und die gerade rechtzeitig wieder erschienene Sonne herausgelockt hatten, vollbesetzte Fördedampfer kreuzten unseren Kurs. Ein Zerstörer der Bundesmarine mit den Decks voller sommerlich gekleideter Zivilisten lief zur Kaffeefahrt aus, erkennbar an einer riesigen gelben Flagge mit schwarzer Kaffeekanne, Frachter, große Segelboote, die THOR HEYERDAHL, Angelkutter, Speedboote, kurzweg – es war Sommer!

Bei Friedrichsort kreuzten wir das Fahrwasser. Vor uns lag der Möltenorter Hafen. Wir bargen die Segel. Dann tuckerten wir in den Fischereihafen. Wir brauchten nicht lange nach einem Liegeplatz zu suchen. Die Uhr zeigte erst halb vier, und alle waren beim Nachmittagssegeln auf der Förde.

Ich legte die FIRECREST neben die Yacht eines Segelkameraden, der seinen Liegeplatz seit Jahren längsseits des alten Feuerschiffs hat. Die Sonne schien, Flaggen flatterten im Wind, am Ufer und auf der Mole flanierten die Sommergäste, Fischer standen neben ihren Kuttern am Kai und lachten über ihre Witze. Es roch nach Tang, Karbolineum und Dieselöl. Wir waren zu Hause!

Die FIRECREST

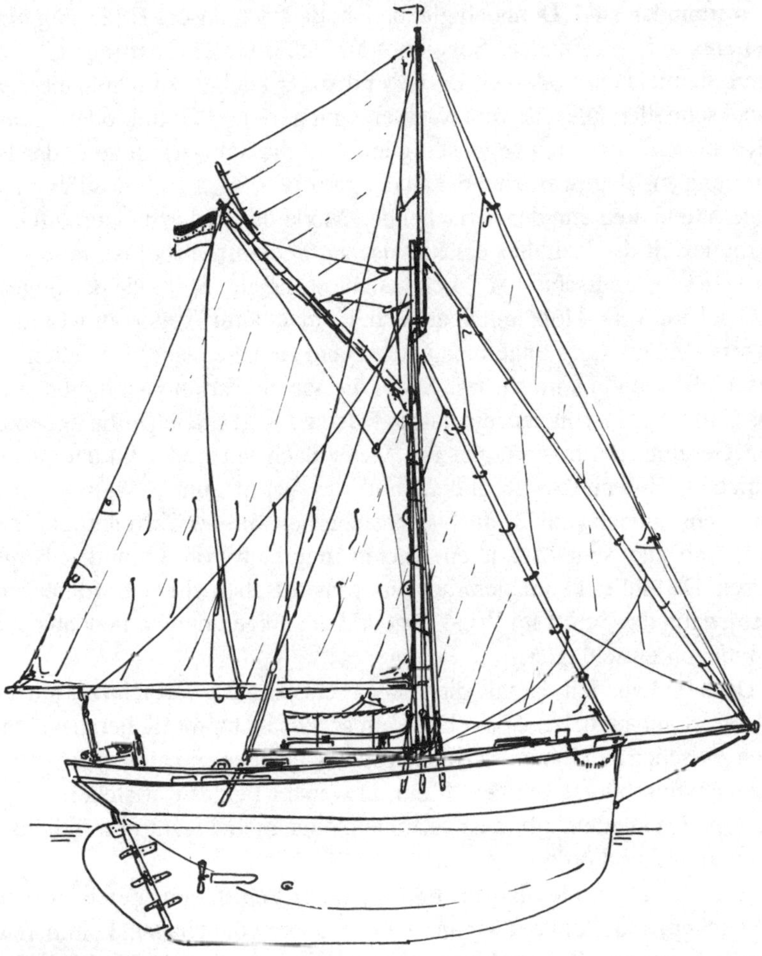

Länge des Rumpfes:	8 m
Klüverbaum:	2,2 m
Breite:	2,5 m
Tiefgang:	1,75 m
Verdrängung:	8 t
Segelfläche:	45 qm
Hilfsmotor:	1 Zyl. 2 Takt 7 PS VIRE
Rumpfgeschwindigkeit:	6 kn
Anker:	30 kg Stockanker
	20 kg Stockanker
	16 kg Danforth
	10 kg Draggen
	60 m Kette sowie verschiedene Kettenvorläufer

Benzintank:	25 l
Frischwasserkapazität:	160 l
2 Sofakojen in der Kajüte	
1 Hundekoje in der Segelkammer	
2 Hängematten über den Sofakojen	
Dingi:	1,85 m Länge
	1 m Breite

Ich habe meine Segelreise aus der Cockpitperspektive eines alten englischen Gaffelkutters beschrieben, mit all den etwas umständlichen Manövern und Improvisationen, die mit der Bedienung eines solchen Schiffes verbunden sind. Dennoch glaube ich, daß sich unsere Erfahrung ohne weiteres auf jedes andere Segelboot ähnlicher Größe übertragen lassen, denn die meisten modernen Boote sind sogar leichter zu handhaben und dabei schneller. Die Vor- und Nachteile gut geriggter Gaffel- oder Bermudayachten wiegen sich gegenseitig auf. Wo die Schwerpunkte in der Beurteilung angelegt werden, liegt an der ganz persönlichen Einstellung zum Segeln, und die kann der herrschenden Mode durchaus zuwiderlaufen.

Inwieweit das Zeitalter der klassischen Seefahrt vorbei ist, muß jeder für sich selbst entscheiden. Mich fasziniert die alte Methode des Segelns mit viel Tauwerk, Holz und Segeltuch. Es macht mir Freude, mit Tauwerk zu arbeiten, griffiges Segeltuch in der Hand zu halten, endlose Fallen aufzuschießen, und es macht mir Spaß, die vielen Variationsmöglichkeiten des Gaffelriggs zu nutzen, ein halbes Dutzend Segel gleichzeitig zu setzen, den Gesamtsegelschwerpunkt um Meter nach vorn oder hinten zu verschieben, Holepunkte zu ändern und das Schiff zum Selbststeuern zu trimmen. Und ich genieße die Narrensicherheit, die der Gaffelkutter bietet, weil sich alle Segel auf allen Kursen innerhalb von Sekunden bergen lassen. Da gibt es keine klemmenden Mastrutscher, die nur runterkommen, wenn das Schiff im Wind liegt und die Segel den Leuten an Deck um die Ohren schlagen.

Deshalb habe ich damals die Firecrest entworfen. Weil ich fast alles an ihr selbst gebaut habe, ist am Ende ein großer Kompromiß herausgekommen zwischen den Irrtümern, die ich begangen habe und meinen ursprünglichen Wunschvorstellungen. Mein schwerster Fehler war sicherlich, gewissen „Fachleuten" blind zu vertrauen, ohne meine Kontrollmöglichkeiten voll auszuschöpfen.

Aber letzten Endes ist die Firecrest *mein* Schiff, im guten wie im schlechten, und nachdem wir uns aneinander gewöhnt haben, kommen wir sehr gut miteinander aus. Sie versöhnt mich mit einigen Eigenschaften, die ihr kein anderes Boot dieser Größe nachmacht, z. B. ihren angenehmen Bewegungen im Seegang.

Der Mast ist eine gewachsene Lärche und die Spieren Tannenbäume, alles im Januar bei Neumond im Wald meines Onkels geschlagen.

Es gibt keine kritischen Spezialbeschläge im Rigg. Die Wanten und Stagen sind mit weiten Augen über den Mast gestreift und durch Keile („Kälber") gesichert. Genauso sind überall anstatt Augbeschlägen dicke Nylonstropps mit Kauschen um die Spieren und den Mast herumgespleißt.

Anstatt Spannschrauben benutze ich Jungfern und Taljereeps, die mindestens ebensoviel halten. Ein Taljereep mit fünf tragenden Parten dünner

Nylonleine von 1,6 Tonnen Bruchlast kann immerhin 8 Tonnen Kräfte aufnehmen. Die Püttings sind einfache lange Bandeisen aus Niro, mit 10 Millimeter dicken Bolzen auf die Außenhaut geschraubt. An so einem Beschlag kannst du das ganze Schiff hochheben.

Die technische Ausrüstung der FIRECREST ist sehr einfach, die Anzahl der Störquellen so gering wie möglich, da ich im Gegensatz zu einem Frachter auf meiner Privatyacht weder Maschineningenieure noch Elektriker fahre und selber nicht die geringste Lust habe, Zeit, Energie und Nerven auf der Suche nach Fehlern und Kurzschlüssen zu verschwenden. Elektrische und elektronische Anlagen und ausgeklügelte Mechaniken haben mich auf anderen Schiffen oft genug und meist gerade dann im Stich gelassen, wenn ich sie dringend brauchte.

Meinen kleinen, gußeisernen Zweitaktbenziner (VIRE 7 PS) kann ich problemlos mit der Hand anwerfen. Ich lasse ihn mindestens einmal in der Woche richtig laufen. Die einzigen Stromverbraucher, die neben dem Anlasser an der Batterie hängen, sind das Radio, die Notbeleuchtung für den Kompaß und das Echolot. Gekocht und beleuchtet wird mit Petroleum – einfach und narrensicher.

Nach anfänglichen Überlegungen hatte ich mich gegen ein verschlungenes Frischwasserleitungssystem entschieden. Über dem Handwaschbecken und der Küchenspüle ist je ein herausnehmbarer Wasserkanister mit Hahn angebracht, der von Zeit zu Zeit aus einem 65-Liter-PVC-Faß im Achterschiff nachgefüllt wird. Das Spülwasser fließt aus dem Becken in einen Plastikkanister darunter, der von Zeit zu Zeit über Bord ausgeleert wird. Das Handwaschbecken ist ein tiefer Eimer in einer runden Aussparung am Waschtisch, und das Klo ist ein anderer Eimer in einer ebensolchen Aussparung, einen halben Meter tiefer, elegant von einem Mahagonideckel den Blicken entzogen. Die einzigen Löcher unter der Wasserlinie sind der Kühlwassereintritt und die Stopfbuchse.

Mitten im Kartenraum ist am Schott eine schwere Membranpumpe angeschraubt. Im Notfall kann man an ihr ungehindert arbeiten. Sie bläst eingedrungenes Wasser durch ein seitlich in der Bordwand befindliches, 4 Zentimeter großes Loch nach draußen. Als Kettenkasten habe ich mir etwas anderes ausgedacht als das übliche finstere, schmutzige Loch im Vorschiff. Stattdessen fällt die Kette durch einen dicken Plastikschlauch in ein darunter festgelaschtes PVC-Faß. Ich kann es problemlos säubern, indem ich die Kette einfach an Deck hole, das Faß aus seiner Ecke herausnehme und es draußen ausspüle. An ihrem Ende bleibt die Kette mit einem langen Nylonstropp gesichert, der bis an Deck reicht, wo er im Notfall mit dem Decksmesser gekappt werden kann.

Wer die Saison bereits im Frühling beginnen und bis in den Herbst hinein verlängern möchte, braucht eine Heizung. Getreu meiner Devise,

Einfaches zu bevorzugen, ließ ich mir, statt eine komplizierte, undurchsichtige Yachtheizung anzuschaffen, einen kleinen Kanonenofen aus Nirosta schweißen (was auch nicht viel billiger war). Im Nu heizt er das Boot mollig warm und trocknet in kurzer Zeit Ölzeug und nasse Socken, und auf seiner Platte läßt sich hervorragend kochen. Allerdings braucht er eine gewisse Bunkerkapazität für Brennholz oder Briketts, und er erzeugt jede Menge Asche. Vor der Inbetriebnahme muß ich das Ofenrohr oben an Deck durch einen lustigen T-förmigen Aufsatz verlängern, so wie in den Karikaturen von Peyton, wenn er alte Gaffelkutter zeichnet.

Wichtig bei allen Öfen ist die gute Lüftung der Kajüte. Sonst besteht bei schwelender, unvollkommender Verbrennung die tödliche Gefahr, daß sich Kohlenmonoxid im Bootsinnern ansammelt. Also – ich sehe schon, daß der Kanonenofen vielleicht nicht ganz überzeugt. Im Handel werden auch andere ganz brauchbare Lösungen angeboten.

Mein Kocher ist ein einflammiger „Primus" mit Petroleumvorwärmung, einfach und zuverlässig, aber man braucht wie bei allen Petroleumkochern ein paar Tage, ehe man sich an seine Bedienungsweise gewöhnt hat. Man muß für das Gerät ein gewisses „Gefühl" entwickeln, aber wo muß man das nicht?

An Deck sieht es ähnlich einfach (oder primitiv) aus: Die einzigen mechanischen Decksbeschläge sind das Ankerspill und der Ruderapparat. Die Ankerwinsch ist ein einfaches Seriengerät für 8-Millimeter-Kette mit einem kleinen Verholknopf. Sie hat mir schon gute Dienste geleistet, wenn ich den Anker aus tiefem, saugendem Schlick ziehen mußte oder bei stärkerem Wind Ankerauf gehen wollte.

Als Ruderanlage besitze ich einen klassischen Edson-Quadranten aus Bronze, wie er seit 150 Jahren auf amerikanischen Segelyachten eingebaut wird. Die Anlage besteht nur aus zwei beweglichen Teilen: Dem Ruderrad mit seiner Welle, an dessen Ende ein Kegelzahnrad sitzt, und der darunterpassenden Zahnstange, die mit dem Ruderschaft fest verbolzt ist. Das Ganze ist in einem kleinen Kasten an Deck verborgen. Man braucht den Deckel nur anzuheben und sieht alles vor sich.

Und sollte dieses fast unzerstörbare Gerät doch versagen, so ragt der Ruderschaft weit genug heraus, um innerhalb weniger Augenblicke die Notruderpinne aufsetzen zu können. Keine verborgenen, unerreichbaren Umlenkrollen, scheuernden Seilzüge, Kettentriebe, Justierschrauben, Spannmuttern.

Da die einzelnen Vorsegel nur klein sind, besitze ich keine Deckswinden. Wo größere Kräfte auftreten können, laufen Schoten und Fallen über Taljen. Alle Fallen bestehen durchgehend aus Fasertauwerk ohne Drahtvorläufer.

Damit wir es gleich hinter uns bringen, gleich als nächstes ein paar Worte zur

Seekrankheit

Lehrzeit und Selbstüberwindung stehen am Anfang jedes Seglerdaseins. „Seekrankheit" heißt das erste Hindernis. Eine große Anzahl von Glücklichen bleibt von ihr verschont, doch viele Anfänger und manche Fortgeschrittene, wie ich selbst, haben am Anfang jeder Segelsaison mit ihr zu kämpfen. Nun – wir befinden uns damit in guter Gesellschaft: Große Seefahrer und Reisende haben unser Los geteilt, und selbst Lord Nelson wurde regelmäßig von Seekrankheit heimgesucht. Zum Glück verschwindet sie relativ schnell. Um uns unseren großartigen Sport erschließen zu können, müssen wir einfach darüber hinwegkommen. Es gibt unzählige Mittel dagegen. Alle helfen irgendwie.

Ich selbst lutsche täglich ein, zwei Riegel Traubenzucker, bis ich nach ein paar Tagen meine alte Widerstandskraft zurückerlangt habe. Wenn es mir am Anfang etwas mulmig wird, hilft das Kauen von kandierten Ingwerstücken nach dem Beispiel der alten Ostindienfahrer. Dabei schaue ich über die Kimm und atme ruhig und stetig im Rhythmus des Seegangs, gehe richtig mit beim Auf und Ab der Schiffsbewegungen. Wichtig ist, sich von Anfang an warm anzuziehen und genügend leichte Speise im Magen zu haben. Starken Kaffee und fettes Essen direkt vor dem Auslaufen vermeide ich lieber, solange ich mich noch nicht ganz sicher fühle.

Wenn ich bei Freunden mitsegele und auf meiner Freiwache nicht gebraucht werde, lege ich mich gemütlich auf die Koje. Wer sich überwinden kann, trotz mulmigen Gefühls unter Deck zu gehen und sich hinzulegen, wird bald Erleichterung von seinen Leiden verspüren. Ein Eimer darf zur Beruhigung ruhig in der Nähe stehen, gebraucht wird er selten. Ein Seekranker ist sowieso besser in der warmen Koje aufgehoben als an Deck, wo er friert und leidet und seine noch einigermaßen fitten Mitsegler nervt.

Als Skipper nehme ich keine Tabletten. Sie machen müde, sind jedoch wirksam. Die beste Therapie ist immer noch der Job am Ruder. In jedem Fall ist das Thema nach ein, zwei Tagen erledigt, meist schon nach wenigen Stunden. Damit wenden wir uns dem Gegenteil zu, der

Verpflegung

Beim heutigen Stand der Lebensmittelkonservierung braucht niemand seine Eßgewohnheiten grundlegend zu ändern, bloß weil er sich an Bord einer Segelyacht aufhält. Der persönliche Geschmack entscheidet über die Proviantliste.

Anpassung fordert lediglich der fehlende Kühlschrank, jedenfalls auf den meisten Yachten. Da hilft schon eine Kühltasche oder eine Eisbox. Eis bekommt man im Kühlhaus jedes größeren Fischereihafens. Und selbst im Hochsommer leistet ein einfacher Plastikkorb Erstaunliches, wenn man ihn mit nassen Tüchern umhüllt und an schattiger Stelle aufbewahrt. Butter, Milch, Käse und Wurst bleiben frisch und kühl.

Auch in der Küche empfiehlt sich: Einfach bleiben! Ein paar Basisgerichte, die immer wieder schmecken und leicht zuzubereiten sind, mit viel Gemüse und Obst, wenn man es bekommt und zum Frühstück, Kaffee und Abendbrot die individuellen Zutaten, von denen jeder andere bevorzugt – ansonsten laßt uns von dem kosten, was Land und See an Spezialitäten gut und preiswert liefern: Fisch mariniert auf hunderterlei Art, Fisch aus der Hafenräucherei, Krabben, frisches Weißbrot und gesalzene Butter, köstliche Joghurts, vielerlei Käsesorten und Milchprodukte usw.

Und wer es sich leisten mag, kehre in einem der vielen guten „Kros" ein, den Landgasthöfen, und schlemme in vielfältigen, reich aufgetragenen kalten Platten und warmen Gerichten mit mehreren Gängen, „Anretning" genannt, dazu eisgekühlter Aquavit und ein gutes Tuborg.

Kälte, Nässe, Müdigkeit

Diese drei erbitterten Feinde des Seemannes sind nur durch konsequente Vorsorge in den Griff zu bekommen:

- Vor dem Auslaufen ausgeruht sein, warm gegessen haben und warm angezogen sein – zu warm für den Hafen. Denn draußen auf See ist es immer ein paar Grad kälter, und nach der Betriebsamkeit des Ablegemanövers sitzen wir nur noch herum und kühlen aus.
- Sobald Nässe einsetzt, Ölzeug anziehen! Sobald sie aufhört, Ölzeug wieder aus und die Schweißnässe lüften, die uns langsam von innen aufweicht.
- Gummistiefel immer eine Nummer größer kaufen, damit zwei Paar Wollsocken und genügend isolierte Luft dazwischen Platz finden. Wie Bernard Moitessier besitze ich ein Paar große schwarze Bauernstiefel ohne Textilfutter, innen wie außen glattes Gummi. Sind sie voll Wasser gelaufen, schütte ich sie aus, wische sie mit einem Handtuch trocken, wechsele die Wollsocken und habe eine Minute später wieder warme, trockene Füße.
- Ein großartiger Helfer für kalte Nachtwachen auf See ist ein kleiner Taschenwärmofen, wie man ihn in Angelgeschäften für ein paar Mark kaufen kann. Und wenn das Wasser aus dem Halsausschnitt wieder herausläuft, sag dir eins: Nichts wird so naß, daß es nicht bald wieder trocknet!

Auf längeren Törns hilft gegen Müdigkeit und Erschöpfung nur eine klare, konsequent durchgeführte Wacheinteilung. Dazu gehört, daß sich die Freiwache zurückzieht und ruht, auch wenn sie glaubt, noch gar nicht müde zu sein. Es ist sinnlos, wenn ihr nachher zur gleichen Zeit die Augen zufallen wie der Wache, die sie ablösen soll. Sind wir nur zu zweit, gönnen wir uns gegenseitig Ruhepausen, wann immer es möglich ist. Abgesehen davon sollte ein Küstentörn mit kleiner Crew nicht länger geplant werden, als die normale Wachphase eines Menschen dauert.

Oft beobachte ich gegen Wind und Regen anarbeitende Yachten, deren Cockpits mit ölzeugvermummten Gestalten vollgestopft sind. Dort sitzen sie alle, bis auf den Rudersmann und den Navigator untätig und gleichgültig, frieren und warten Stunde um Stunde, daß der Törn zu Ende gehen möge, anstatt sich in die gemütliche, trockene Kajüte zurückzuziehen, auszuruhen, etwas Heißes zu kochen und regelmäßig einen aufgewärmten, frischen Mann die Ruderwache ablösen zu lassen.

Nichts ist deprimierender für den Wachgänger, als der Anblick müder, frierender Mitsegler und die Aussicht, nach der Ablösung weiter an Deck mit den anderen ausharren zu müssen, weil man Hemmungen hat, als einziger der unvernünftigen Haltung der anderen den Rücken zu kehren, unter Deck das nasse Ölzeug vom Leibe zu ziehen und sich in die mollige Koje einzurollen.

Und nochmals mein Tip: Für warme Mahlzeiten sorgen! Es gibt kaum eine Situation, in der nicht wenigstens ein Kessel heißes Wasser bereitet werden kann, und darin läßt sich hervorragend Fleischbrühe auflösen. Sie wirkt Wunder – das ist nicht zuviel gesagt!

Kameradschaft, Hilfeleistung

Leider ist mit der Entwicklung des Segelns zum Breitensport viel von dem hilfsbereiten Gemeinschaftsgeist und der natürlichen Kameradschaft unter den Seglern verlorengegangen. Konkurrenzdenken und Statusneid haben sich auf auf dem Wasser verbreitet. Das sollte uns nicht hindern, im überfüllten Hafen dem Segelkameraden die befenderte Bordwand zum Längsseitskommen anzubieten. Jedermann freut sich über freundliches Interesse und unaufdringliche Hilfsbereitschaft. Es genügt oft nur ein kleiner Anstoß, und die Menschen legen erleichtert ihre unnahbare Konkurrenzmaske ab.

Wir und alle Seefahrer der Welt gehören einer verschworenen Bruderschaft an, egal, welche Motive und Notwendigkeiten uns auf See treiben. Wir können nur bestehen durch gegenseitige Rücksichtnahme und ständige Bereitschaft zur Hilfe in der Not. Wir unterliegen den Bedingungen und Gesetzen der See, sobald wir das Deck eines Bootes betreten. Das geht soweit, daß alle Seefahrtsnationen die Pflicht zur Hilfeleistung gegenüber

Schiffen in Seenot zum Gesetz erhoben haben. Wer dazu nicht in der Lage ist, muß dies unter Angabe der Gründe in sein Schiffstagebuch eintragen, damit er sich später dafür rechtfertigen kann.

Wetter

– ein derart umfangreiches Thema, daß ich an dieser Stelle nicht annähernd das an Wissen vermitteln kann, was zum Fahrtensegeln meiner Ansicht nach notwendig ist. Ein Grundlagenwissen muß einfach vorhanden sein. Ich will hier nur die Wettererscheinungen durchgehen, die unser Fahrtgebiet besonders charakterisieren und ein paar Tips loswerden, die zur eigenen Wettervorhersage vielleicht nützlich sein können. Beginnen wir mit den Seewetterdiensten; Sender, Frequenzen und Zeiten sind dem jährlich neu erscheinenden DHI-Merkblatt „Wetter und Warnfunk" zu entnehmen. Um den Wetterbericht besser auswerten zu können, empfehle ich, die Wetterlage mitzuschreiben und anschließend eine Wetterkarte zu zeichnen, auf der die herannahenden Tiefs schon von weitem zu sehen sind. Wie ich mir meine Wetterkarte zeichne, habe ich in Fåborg beschrieben, am Anfang der Reise. Ich benutze Kopierstift auf abwischbaren Folienblättern.

Und nun ein paar Sonderinformationen: Wenn der Radiosprecher die Worte „Trog" und „Teiltief" verwendet, solltest du aufhorchen. Ein Teiltief ist ein gefährliches, stürmisches Gebilde. Es kann sehr schnell wandern, bis zu 50 Knoten, und plötzlich über dich herfallen, obwohl es vor wenigen Stunden noch mitten in der Nordsee war. Ebenso ist mit einem Trog nicht zu spaßen. In seinem Innern herrscht das schlechteste Wetter innerhalb eines Tiefs. Es gibt plötzliche bösartige Trogstürme, die jedoch meist nach wenigen Stunden durchgezogen sind.

Ein normales Tief mit den üblichen Fronten zieht 15–20 Knoten schnell und meist von SW nach NE. Aber es gibt „Schnelläufertiefs", die 50 Knoten erreichen. Die schnellere Kaltfront hat die langsamere Warmfront bei uns meist schon eingeholt und überlagert, „occludiert" sagt man und spricht von einer „Occlusionsfront". Wenn die Kaltfront oder die Occlusionsfront durchgeht, dreht der Wind ruckartig bis um 90 Grad recht, z. B. von SW auf NW. Hinter der Kaltfront herrscht „Rückseitenwetter", es ist böig und klart auf, die Sicht wird gut.

Wenn du Heimreisepläne hast und es nähert sich ein Tief, solltest du seinen Frontenlauf berücksichtigen. Anstatt dem SW bei Regenwetter und schlechter Sicht in die Zähne zu kreuzen, kannst du auch abwarten, bis die Kaltfront durchgezogen ist, und dann mit frischem Wind, von steuerbord oder von achtern, bei guter Sicht und Sonnenwetter nach Hause segeln.

Wenn von „Zentraltiefs" die Rede ist, kann man damit rechnen, daß die Wetterlage über mehrere Tage dieselbe bleibt. Es sind große stationäre

Tiefs ohne Fronten, die oft nach dem Gebiet benannt werden, über dem sie tagelang festliegen. Sie steuern die wandernden Frontentiefs, die das Wetter bringen, um sich herum gegen den Uhrzeigersinn. Das „Deutschlandtief" im Mai bringt starke Ostwinde. Das „Skandinavientief" bringt im Sommer regnerisches Wetter und böigen NW. Das „Islandtief" sorgt im Spätsommer für plötzliche kurze Stürme.

WOLKEN UND WIND

Von der Form und dem Aussehen der Wolken allein kann nicht auf den Wind geschlossen werden, der darunter weht, wohl aber von ihrer sichtbaren Veränderung und Zuggeschwindigkeit her.

Bei normaler ausgeglichener Wetterlage entstehen am Morgen die ersten Haufenwolken (Cumulus), entwickeln sich am Nachmittag zu mächtigen Gebilden und fallen abends wieder in sich zusammen. Sie „verzahnen" durch ihren Vertikalaufbau die ruhigen unteren mit den windigen oberen Luftschichten. Mit zunehmender Bildung bringen sie so den Wind von oben nach unten. Demzufolge springt der Wind mit der Bildung der ersten Haufenwolken am Vormittag auf, erreicht nachmittags seine größte Stärke und geht abends mit der Auflösung der Wolken wieder schlafen. Abends liegen dann breite, zerrissene schwarze Wolkenbänder vor der untergehenden Sonne und bilden surrealistische Schatten und Strahlenspiele. Manchmal sehen sie bedrohlich aus, aber sie sollten uns nicht beunruhigen. Es sind die zusammengesunkenen Haufenwolken vom Nachmittag, die typischen Abendwolken. Sie sind für die Wettervorhersage unbedeutend.

Im Laufe des Tages dreht der mit der Cumulusbildung auffrischende Wind langsam um etwa 20 Grad recht. Das liegt daran, daß der Höhenwind gegenüber dem Bodenwind in einem um 20 bis 30 Grad nach rechts abweichenden Winkel fließt. Durch die Wolkenverzahnung kommt er allmählich nach unten. Deshalb sagt man, daß der Wind „mit der Sonne mitläuft". Dies sollte man berücksichtigen, wenn man seinen Tagestörn plant und das Ziel in Luv liegt.

Von Sturmwetterlagen abgesehen, legt sich abends in Küstengewässern der Wind. Wenn es tagsüber stark weht, kann man am Abend und nachts meist bei handigem Wind segeln. Abendflaute setzt zuerst dicht unter Land ein und dehnt sich dann langsam weiter nach See aus. Wenn du Zeit hast (oder keinen Motor), genieße das Herabsinken der Nacht und laß dich treiben. Nach Mitternacht springt meist eine leichte Brise auf.

Bei totaler Flaute und starker Sonneneinstrahlung kannst du dicht unter der Küste oft noch einen Hauch von auflandigem „Seewind" finden. Die über dem Land erwärmte Luft steigt in die Höhe und zieht von See her kühlere Luft nach. Nachts nach einem heißen Sommertag ist es dann oft umgekehrt. Dicht am Ufer findet man ablandigen „Landwind".

GEWITTERBÖEN

sind am seltensten im Mai. Im Hochsommer werden sie häufiger, und man muß auf See bereits mit Nachtgewitter rechnen.

Sobald du die „Böenwalze“ oder den „Böenkragen“ am Fuß der Gewitterwolke sichtest: Reffen! Beobachte die Wasseroberfläche! Sie zeigt deutlich das Herannahen der Bö. Stehen die dunklen Böenwolken über uns, geht es los!

Die Stärke der Windböen kann innerhalb derselben Wolke sehr unterschiedlich sein, von frischer Brise bis Sturmstärke, und auch die Richtung ist schwer vorhersehbar. Große Schauer- und Gewitterwolken erzeugen in ihrer Umgebung einen eigenen Wind, der von der vorherrschenden Windrichtung vollkommen abweichen kann. Manchmal weht er auf die heranrückende Wolke zu, so daß es aussieht, als zöge sie „gegen den Wind“.

Gewitterböen sind an Land oft heftiger als auf See. Man erinnert sich, daß ich damals während des Gewitters keine Blitzableiter an Bord hatte. Das soll beileibe kein Vorbild sein. Jedoch sind Blitzeinschläge auf Yachten außerordentlich selten. Man kann sich dagegen schützen, indem man an den Topwanten lange, dicke Kupferdrähte mit „Fröschen“, das heißt Drahtseilklemmen, festschraubt und ins Wasser hängen läßt, solange das Gewitter dauert. Mittlerweile gibt es Blitzschutzanlagen für Boote auch schon im Handel.

WASSERHOSEN

Sie treten zuweilen zwischen den dänischen Inseln auf. Unter der scharf abgegrenzten Basis großer Cumulus- und Gewitterwolken sieht man ab und zu busenartige Wolkenzipfel niederhängen, von den Meteorologen treffend „Mammas“ genannt. Sie können sich in ungeheuer schnelle Drehung versetzen und dann bis auf die Wasseroberfläche hinabreichen, wo sie Wasserstaub aufwirbeln und in die Höhe ziehen. Solch ein Wind- und Wolkenschlauch kann Bäume abdrehen und Häuser abdecken – wir sollten ihm nicht zu nahe kommen.

Aber man kann wahrscheinlich noch länger darauf warten, von einer solchen Wasserhose erwischt zu werden als darauf, daß der Blitz in den Mast einschlägt. Manöver im letzten Augenblick: Segel runter, unter Deck flüchten, Luken dicht, festhalten!

NEBEL

Am häufigsten treten Seenebel im Frühjahr auf, wenn sich die Luft über der noch winterkalten Wasserfläche abkühlt. Dann ist die Küstenlinie oft gleichzeitig die Nebelgrenze, und ganz dicht unter Land hat man möglicherweise genügend Sicht. Seltener treten derartige Nebel im Hochsommer auf. Im Herbst ist es umgekehrt. Der Nebel entsteht über dem kühleren Land und wird vom Wind auf See hinausgetrieben.

ECKENEFFEKT

Schon bei kleinen aufragenden Inseln und Huks ist deutlich zu beobachten, wie der Wind das Hindernis mit erhöhter Geschwindigkeit umströmt. Kap Horn verursacht solch einen Eckeneffekt, aber so weit brauchen wir nicht zu segeln. Wir können ihn an „jeder Ecke“ finden, z. B. bei Dovns Klint an der Südspitze Langelands.

DÜSENWIRKUNG

Mit ihr kann man in den dänischen Inselgewässern rechnen, wenn der Wind zwischen zwei Inseln oder parallelen Küstenlinien hindurchweht und an dieser Stelle die Windstärken um ein bis zwei Beaufort höher liegen als anderswo. Bekannter als der Alsenfjord ist für diesen Effekt freilich die Meerenge von Gibraltar.

FALLBÖEN

Selbst an der niedrigen dänischen Küste kann man sie erleben, dort, wo ein kleines Hügeltal in Windrichtung auf das Wasser mündet. Dort geschieht ähnliches in Miniaturformat wie mit dem Mistral, der aus dem Rhonetal herausfegt.

Beobachte die Zuggeschwindigkeit der Schäfchenwolken (Alto- und Cirrocumulus). Wenn sie schnell ziehen, ist das oft einziges Anzeichen für das Herannahen eines gefährlichen Tiefdrucktroges. Und auch „Halos“ (Sonnenringe) und „Nebensonnen“ in einer hohen dunstigen Wolkenschicht (Cirrostratus) können Boten heraufziehenden Schlechtwetters sein. In Verbindung mit diesen Wetterbeobachtungen immer das Barometer beachten!

LUFTDRUCK

Ein Barograph ist ein ausgezeichnetes Gerät, weil er die Entwicklung des Luftdrucks in einer wellenähnlichen Kurve mitschreibt. Aber wir können uns auch helfen, indem wir den Luftdruck öfter ablesen und auf einem Barographenstreifen mit kurzen Strichen aufzeichnen.

Aus der Gestalt der Kurve lassen sich in Verbindung mit der übrigen Wetterbeobachtung durchaus Vorhersagen erstellen. Ein paar Beispiele:

- Steigt der Druck über mehrere Tage gleichmäßig und langsam an, so kannst du einige Tage gutes Wetter erwarten.

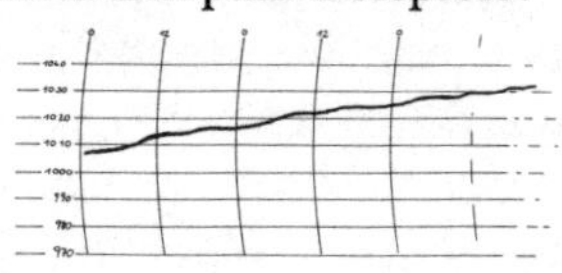

- Umgekehrt bedeutet tagelanges langsames Fallen aus hohem Stand ein baldiges Ende der Schönwetterperiode.

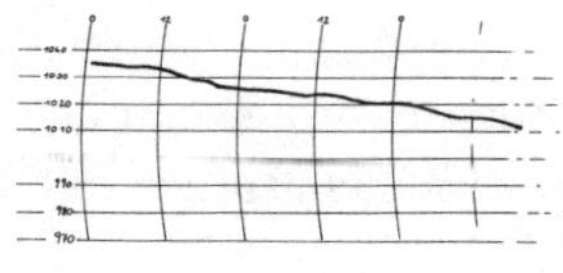

- Fällt der Luftdruck erst langsam, dann immer schneller, deutet es auf Sturm. 1,5 Millibar pro Stunde bedeutet mit Sicherheit baldigen Sturm.

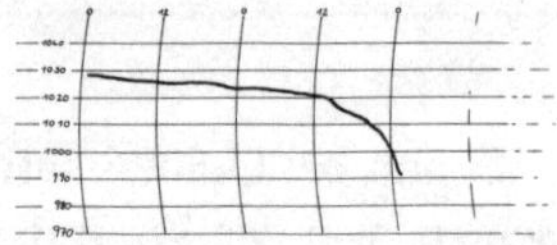

- Nach Durchzug einer Front stagniert das Barometer plötzlich. Beginnt es kurz darauf trotz aufklarenden Wetters und rückdrehenden Windes wieder zu fallen, deutet es auf das Herannahen eines gefählichen Troges oder Teiltiefs hin.

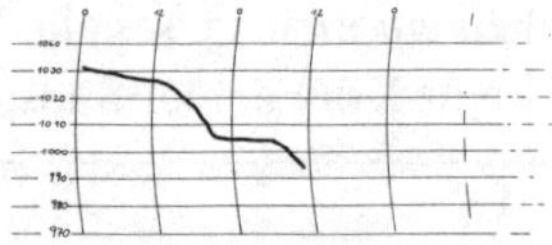

- Stetig ansteigender Luftdruck kündigt baldige Wetterverbesserung an.

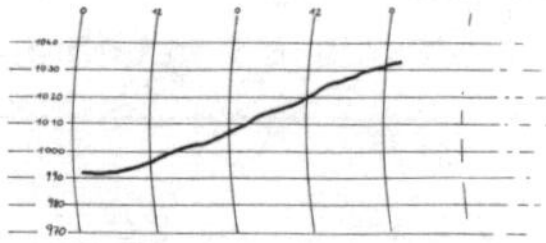

- Ist der Anstieg unruhig bei rückdrehenden Winden (linksdrehend), ist die Wetterbesserung nur von kurzer Dauer.

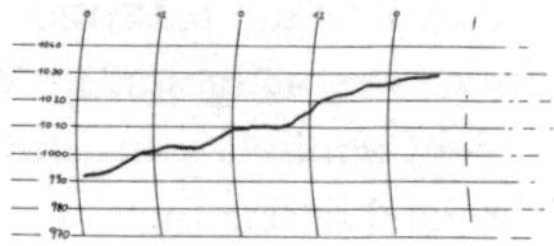

- Langsamer Anstieg aus niedrigem Stand – häufig schwere Böen aus W – NW.

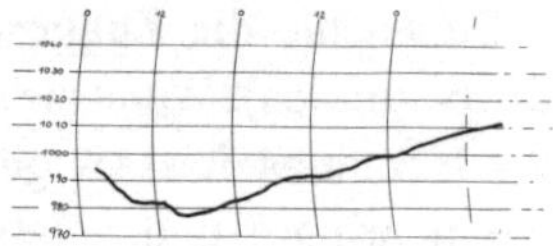

- Nachhaltige Wetterbesserung und mehrtägige Schönwetterlage ist zu erwarten, wenn mit ansteigendem Barometer der Wind von westlichen Richtungen über N auf NE dreht. Dabei wird es zunächst kühl, aber es bleibt sonnig und trocken.

Sturm und Starkwindhäufigkeit in der „Dänischen Südsee“:

Beaufort	Mai	Juni	Juli	Aug.	Sept.	Okt.	
6-7	4	4	4	5	8	11	Tage pro
8 u. >	0,5	0,5	0,6	0,9	1,5	2	Monat

Mai und Juni sind im Durchschnitt die ruhigsten Monate. Im Juli und August wird es langsam windiger, und ab der zweiten Septemberhälfte muß schon häufiger mit Sturm oder Starkwind gerechnet werden.

Navigation

Einige Bemerkungen zur Küstennavigation: Beherrschen mußt du sie, und zwar im Schlaf! Selbst der vorsichtigste Fahrtensegler gerät früher oder später unbeabsichtigt in schlechtes Wetter mit schlechter Sicht, womöglich in küstennahen untiefen Gewässern. Dann werden die gepeilten und errechneten Werte, auf die es sonst nie so genau ankam, da du sowieso wußtest, wo du ungefähr warst, lebenswichtig und entscheiden über „Sein oder Nichtsein".

Vor Törnantritt plane die Reise auf der Karte!

- Welche Landmarken, Inseln, Leuchttürme, Seezeichen wird man wann in Sicht bekommen?
- Ist mit Strom zu rechnen?
- Gibt es unterwegs markante Tiefenlinien, an die man sich bei Nebel oder schlechter Sicht heranloten kann? Tiefenlinien, an denen du, wenn du gar nichts mehr siehst, entlanglaufen kannst, um in die Nähe eines Hafens oder einer geschützten Ankerbucht zu gelangen.
- Welches Leuchtfeuer gibt welches Nebelsignal?

Diese und viele andere Fragen kann man sich bereits vor Törnbeginn beantworten, um nachher, wenn es ernst wird, um so selbstsicherer die richtige Entscheidung zu fällen. Seemannschaft ist die Kunst der Voraussicht!

Technische Navigationsgeräte

Radar, Loran, Decca, Satellit – sie können sehr hilfreich sein. Auf Handelsschiffen sind sie mittlerweile unentbehrlich. Aber brauchen wir sie auf unserer Segelyacht? Ich kann drei Gegenargumente nennen:

Wie alle bequemen technischen Hilfen bergen sie die Gefahr, daß man sich allzusehr auf sie verläßt und sich in Situationen begibt, in denen man ohne sie hilflos ist. Fatal, wenn sie dann plötzlich versagen . . .

Bei Gebrauch dieser Geräte neigen wir dazu, unsere eigenen Wahrnehmungen zu unterschätzen und vertrauen dem Gerät anstatt uns selbst. Wir werden bequem und verlernen die Routine und Präzision im Umgang mit den klassischen Methoden. Die brauchen wir aber, sobald die Technik versagt, und das tut sie früher oder später mit Sicherheit.

Außerdem stelle ich mir die Frage, ob diese Geräte, die, solange sie funktionieren, einen guten Teil der Seemannskunst überflüssig machen, etwas mit Sport und Naturnähe zu tun haben und der Entwicklung der seemännischen Fähigkeiten und des Selbstbewußtseins als Skipper dienlich sind. Auf einem Frachter schöpfe ich alle Möglichkeiten aus, die meinen harten Job erleichtern. Auf meiner FIRECREST befriedigt mich eine genaue Ansteuerung mit Hilfe meiner eigenen erlernten Fähigkeiten mehr als bloßer Knopfdruckeinsatz.

Nachtsegeln

- Seekarte auf den Tisch, Seehandbuch, Leuchtfeuerverzeichnis, Hafenhandbuch!
- Wohin soll die Reise gehen?
- Wie ist das Revier nachts zu beurteilen?
- Wo sind die Leuchtfeuer, wie weit reicht ihr Lichtschein?
- Wie groß ist heute die Sichtweite?
- Stehen irgendwo gefährliche unbeleuchtete Tonnen im Weg?
- Wie steht's mit anderen unbeleuchteten Hindernissen?
- Wie sieht die nächtliche Ansteuerung in unserem Zielhafen aus?
- Treiben dort zu bestimmten Jahreszeiten Oberflächennetze oder stehen in der Nähe der Hafeneinfahrt Netzpfähle im Dunkel, wie vor Bagenkop?
- Haben wir unterwegs die Möglichkeit, in Lee einer Küste oder in einer Ankerbucht Schutz zu finden, wenn sich das Wetter oder die Sicht plötzlich verschlechtert?
- In welche Häfen können wir ausweichen?
- Wie wird das Wetter?
- Ist das Schiff seeklar? Elektrische Beleuchtung checken, Petroleumlampen auffüllen, Taschenlampe klarlegen, Streichhölzer, Kompaßbeleuchtung prüfen, Echolot und Handlot klar!
- Ist alles seefest gestaut und gelascht, sind alle Sicherheitseinrichtungen da, wo sie hingehören und griffbereit?
- Sitzt jeder Griff an Deck auch bei Dunkelheit?
- Ist das Ankergeschirr klar?
- Ist die Kombüse klar, sind alle Thermosgefäße voller heißer Getränke und warmer Speisen?
- Ist die Crew warm und trocken angezogen, hatte sie eine ordentliche Mahlzeit, ist sie ausgeruht?
- Sind Schwimmwesten und Sicherheitsleinen angelegt, die Wachen eingeteilt?

Und trotz aller Vorsicht – verlaß dich nicht blind auf die Leuchtfeuer und -tonnen in der Karte! In einer Aprilnacht trieb ich bis zum Morgengrauen zwei Seemeilen vom Leuchtfeuer Vejsnæs Nakke entfernt in der Flaute, doch das Leuchtfeuer blieb die ganze Nacht erloschen. Technische Fehler und mangelhaftes Informiertsein lassen solche Möglichkeiten offen. Und selbst wenn wir im Radio alle nautischen Warnnachrichten verfolgen und unsere Karten und Handbücher laufend berichtigen, sind wir vor Überraschungen nicht sicher.

Nebelfahrt

Wenn plötzlich Nebel aufkommt: Nebelsignale geben, für Segler „– .. " (D) mindestens alle zwei Minuten, Positionslampen an, Radarreflektor setzen, Notsignale klar, Rettungsboot oder -insel klar zum Einsatz.

- Alle sind angezogen, tragen Schwimmwesten, die Freiwache ist klar, sofort bei Annäherung anderer Fahrzeuge an Deck zu kommen.
- Ausguck dort einsetzen, wo der Rudergänger nicht hinsehen kann, unter den Vorsegeln zum Beispiel.
- Wenn nötig, Segelfläche verkleinern, um die Geschwindigkeit herabzusetzen.
- Maschine klar zum Starten, aber besser weitersegeln, denn im Nebel muß man seine Umgebung hören! Demzufolge verhalten sich alle ruhig und horchen auf Nebelsignale, schmatzende Geräusche treibender Gegenstände, Bugwellen, Schraubengeräusche, Vögel im Geäst und Blätterrauschen am Ufer, Stimmen an Land oder in anderen Booten . . .
- Lot und Kompaß sind jetzt die Navigationsgeräte, auf die es ankommt. Wir machen Reihenlotungen. Wenn es geht, laufen wir auf einer Tiefenlinie entlang, die uns zu einem Hafen oder in eine Bucht abseits vom Verkehr bringt.
- Auf jeden Fall die Hauptschiffahrtswege verlassen! Möglicherweise ist es das Sinnvollste, den Flachwasserbereich dicht unter der Küste anzusteuern und dort zu ankern, solange der Nebel dauert. Am Ankerplatz im Nebel Glockensignale geben!
- Steht man auf unsicherer Position zwischen Untiefen, die gefährlich werden können, wird der Anker einige Meter ins Wasser gefiert und langsam weitergesegelt, eventuell mit gekürzten Segeln. Sobald es zu flach wird, bewahrt der Anker vor dem Auflaufen. Dann ankert man über der Untiefe, bis sich der Nebel verzogen hat.
- Trag in das Logbuch ein, daß Nebel aufgezogen ist und alle erforderlichen Maßnahmen getroffen sind. Sag dem Ausguck, daß er seine Aufmerksamkeit auf die Höhe der Wasseroberfläche richten soll: Bei Nebel kommt häufig der Strand eher in Sicht als der darüberstehende Leuchtturm.
- Leuchttürme und Feuerschiffe senden bei Nebel Hornsignale im Morsecode aus. Um welche Signale es sich jeweils handelt, steht in einigen Seekarten, auf jeden Fall aber im Leuchtfeuerverzeichnis. Oft sind es die Anfangsbuchstaben der Leuchtturmnamen, z. B. „Kiel: K I . . . ." oder „Bülk: B – . . ."

Ankern

Viele unerfahrene Skipper haben eine gewisse Scheu zu ankern. Schwellenangst mag eine Rolle spielen, mir ist es am Anfang so gegangen. Ich fürchte, daß einige Segler ihren Anker gar nicht klarhaben, sollten sie ihn plötzlich brauchen. Beim modernen Yachtdesign verschwindet das ganze Ankergeschirr unter einem Deckel im Vorschiff, und so ist der Anker nicht nur optisch aus dem Sichtbereich, sondern auch psychologisch aus dem Bewußtsein des Skippers gerückt. Dabei ist der Anker nicht nur „Notbremse“ und „Fallschirm“.

Idyllische Buchten locken zuhauf, geschützte Plätze laden zum Ankern und Übernachten. Warum muß ich den allnachmittäglichen Run auf die letzten freien Liegeplätze in den überbrodelnden Yachtzentren mitmachen, wenn sich mir als Alternative eine ruhige Ankerbucht bietet? Und wenn es aufbrist und die Dunkelheit hereinbricht, zwingt mich doch nichts, weiterzusegeln, um mit letzter Kraft zu nächtlicher Stunde eine unsichere Hafenansteuerung vorzunehmen, wenn als Alternative in der Nähe eine Küste liegt, die mir Leeschutz und guten Ankergrund gewährt. In unserem Revier gibt es kaum eine Position, von der aus nicht bald ein geschützter Ankerplatz zu erreichen ist.

Du kommst zur Ruhe, von Wasser umgeben, spürst das schwoiende Schiff, das Rucken der Kette, hörst das Plätschern der Wellen an der Bordwand neben der Koje und fühlst das tiefe Atmen, den langsam an- und abschwellenden Puls des Weltmeeres, das in diesem Moment die Seiten deines Bootes und alle Küsten von Kapstadt bis Hawaii umspült.

Allerdings sind wir am Ankerplatz nicht so geschützt und bar aller Sorgen wie in einem guten Hafen. Ein wenig mehr Wachsamkeit ist schon gefordert. Ankern hat immer etwas Archaisches, etwas Urtümliches an sich. Ob wir unsere Yacht für eine halbe Million von der letzten Bootsausstellung mitgenommen oder ob wir ein altes Rettungsboot billig aufgetakelt haben, wir hängen an dem gleichen Stück Kette mit dem Eisenhaken wie Captain Cook oder Bernard Moitessier.

Ankern – Checkliste

- Gegen welche Windrichtungen bietet der Ankerplatz Schutz, und wie ist die voraussichtliche Wetterentwicklung?
- Könnten wir uns bei auflandiger Winddrehung noch freisegeln?
- Welche Wassertiefe herrscht am Ankerplatz, und wie ist der Grund beschaffen?
- Ankern wir außerhalb der Verkehrswege?
- Wenn kein Verkehr am Ankerplatz herrscht, wird eine Ankerboje mit genügend langer Leine am Anker befestigt, dann Kette (mit Trosse) auf

mindestens fünffache Wassertiefe ausstecken, Bremse der Ankerwinsch anziehen, Winsch durch Kettenstopper entlasten
- Ankerball setzen, Ankerlampe auffühllen, einbrennen, setzen
- zweiten Anker klarmachen
- Maschine klarhalten zum Starten
- „Lotalarm" ausgelegt
- Badeleiter außenbords gehängt
- Segel klar zum Setzen
- Dingi klar zum Einsatz
- Nebelglocke, Taschenlampe, Streichhölzer griffbereit, Ankerposition in die Karte, Eintragung ins Schiffstagebuch, Objekte für Kontrollpeilungen aussuchen, die auch nachts sichtbar bleiben, Ankerwache einteilen.

Sicherheit

Daß eine Standardausrüstung an Sicherungs- und Rettungsmitteln an Bord sein muß ist selbstverständlich, unter anderem:
- große Lenzpumpe
- Feuerlöscher, besonders bei Benzinmotoren
- Bordapotheke
- Notsignale
- Rettungsring mit Nachtlicht
- Schwimmwesten für alle
- Sicherungsleinen für alle
- Schlauchboot, Dingi oder Rettungsinsel.

Darüber hinaus will ich Eric C. Hiscock, den vielfachen Weltumsegler und Verfasser wertvoller Lehrbücher zu Wort kommen lassen: „*... würde ich eine einzige Regelung vorschlagen, daß nämlich keine Yacht Sprechfunkgeräte an Bord führen dürfte. Wir segeln, weil wir es mögen, und deshalb haben wir kein Recht, im Falle von Ärger andere zu rufen, die uns vielleicht unter eigenem Risiko aus einer Schwierigkeit herausholen, die mit wenig Planung und gesundem Menschenverstand wahrscheinlich hätte vermieden werden können. ... Ich frage mich manchmal, ob das ganze krankhafte Bild über Sicherheit nicht eng mit dem hart umkämpften Werbegeschäft zu tun hat.*"

Man mag dazu stehen, wie man will, eins scheint mir indessen klar zu sein: Sicherheit liegt nicht im aufwendigen technischen Gerät, sondern in der seemännischen Selbstsicherheit und dem Bewußtsein des eigenen Könnens und seiner Grenzen. Diese zu erwerben gibt es nur drei Schritte: Lesen – Lernen – Erfahren ... und niemals damit aufhören!

Bojemanöver, Mann über Bord

Jeder Skipper sollte mit seinem Boot von Zeit zu Zeit Bojemanöver trainieren und es auch anderen beibringen. Es ist nicht sonderlich schwierig, außerdem macht es Spaß, und man kann womöglich mit seiner Fertigkeit Leben retten. Zudem eignet sich das Bojemanöver hervorragend, um Manövrierfähigkeit, Drehkreis und Auslaufstrecke des Bootes unter den verschiedenen Bedingungen kennenzulernen.

Das Standardmanöver läuft folgendermaßen ab: Boje fällt über Bord – ein Mann behält sie im Auge (sehr wichtig!) – je nach Kurs zum Wind abfallen oder anluven, um auf halben Wind zu kommen und dann – mehrere Schiffslängen ablaufen, um den Rückweg gut einteilen zu können – wenden – zurücklaufen und auf einen Punkt in Lee der Boje halten, von dem aus man einen Aufschießer auf die Boje fährt.

Wenn man einen Mann bergen will, ist alles erlaubt. Segel runter und Maschine an ist nicht das schlechteste, wenn auch nicht immer das schnellste. Ein Mann, gesichert mit Weste und Leine, springt neben dem Verunglückten ins Wasser und legt ihm einen Tampen um. Am besten hievt man ihn über das Großfall an Bord. Der Helfer kommt über die Badeleiter wieder hoch.

Im Ernstfall, wenn sowieso nur die Hälfte klappt, würde ich nicht zögern, anstatt einen zweiten Anlauf zu fahren mit der Gefahr, den Überbordgefallenen zu verlieren, ihn mit einem rostigen Bootshaken heranzuziehen.

Hafenmanöver

Die unproblematischste Methode, in einem Hafen unter Segeln festzumachen, besteht darin, daß du hineinsegelst und den Anker in der Mitte des Hafenbeckens fallen läßt. Von dort kannst du dich dann mit Dingi und langer Leine in aller Ruhe an den ausgewählten Liegeplatz verholen.

Wenn du unter Maschine einläufst, wirst du das aber nicht brauchen. Gehe rechtzeitig vor der Einfahrt mit der Geschwindigkeit herunter und drehe drinnen im Becken langsam eine Besichtigungsrunde. Bevor du anlegst, drossele die Fahrt soweit, daß du gerade noch manövrierfähig bist. Zu schnell fahren nur Anfänger!

Vergewissere dich in einem Handelshafen, ob die Pier nicht für einen Frachter gebraucht wird. Er wird dich mitten in der Nacht gnadenlos davonjagen. Oft ist die Reservierung durch Blechschilder angezeigt. Ölpiers mit Bunkeranschlüssen sind fast nie frei für Yachten, und zur Zeit der Getreideernte werden die Pierplätze an den Silos gebraucht. Auch in der Nähe von Kohle- und Kieshalden und von Hafenschuppen muß man mit Ladungsumschlag rechnen. Im übrigen kann man in den Handelshäfen meist problemlos liegen. Liegegebühren werden meistens auch hier erhoben, und es sind dieselben wie im nahen Yachthafen.

Nicht immer steht ein freundlicher Sportsmann am Kai und nimmt die erste Leine wahr. Bei stark ablandigem Wind und für Anlegemanöver unter Segeln empfiehlt sich dann ein schönes Gerät, mit dem wir uns ohne fremde Hilfe an die Spundwand heranholen können: der Wurfhaken!

Auch in einem Hafen kann bei starken Winden eine unangenehme Leegerwallsituation entstehen. Über das weite Hafenbecken bauen sich kurze kräftige Wellen auf und stehen auf den Liegeplatz, das Boot drückt und arbeitet auf seinen quietschenden Federn und ruckt in den Leinen. Die Fender rutschen zwischen das hölzerne Fachwerk der Pier, die Außenhaut raspelt auf den Reibehölzern, aus denen rostige Schrauben herausragen. Wir müssen hier weg!

Wenn wir Platz voraus haben und der Wind nicht zu stark drückt, setzen wir uns zum Ablegen mit einer langen Spiere von der Pier ab, damit wir Fahrt und Ruder ins Schiff bekommen, ehe uns der Wind wieder auf die Spundwand drückt. Oder wir fahren mit dem Dingi einen Anker quarab ins Hafenbecken und holen uns an der Leine frei. Vielleicht reicht ein halber Meter Entfernung von der Pier schon, um einigermaßen bequem zu liegen.

Wenn Wind und Seegang kräftig auf die Hafeneinfahrt drücken, mache ich erstmal einen Spaziergang zu den Molenköpfen, ehe ich mich zum Auslaufen entscheide. Ich beobachte, wie es anderen Booten ergeht, die den Hafen verlassen und erwäge meine Maßnahmen.

Im kritischen Moment, wenn die Fahrt durch die erste heranrollende Welle abrupt gebremst wird, müssen Segel oder Maschine oder am besten beide zusammen in der Lage sein, das Boot weiter voranzutreiben. Gelingt das nicht, kann es für ein Rückzugsmanöver zu spät sein, und die Yacht wird auf einen der Molenköpfe gedrückt.

In Damp oder Schleimünde zum Beispiel kann es bei starken östlichen Winden ausgesprochen gefährlich werden, wenn sich beim Auslaufen erst zwischen den Wellenbrechern herausstellt, daß die Maschinenleistung nicht ausreicht, oder wenn der Motor im kritischen Moment versagt.

Einklarierung

Die Einklarierung im dänischen Hafen ist einfach und problemlos. Sie erfolgt, indem man sich beim Hafenmeister meldet und die Liegegebühren bezahlt. Damit ist die Einreise meist erledigt. Selbstverständlich benötigt jedes Crewmitglied einen gültigen Ausweis, doch normalerweise gibt es weder Fragen noch Kontrollen.

Ebenso einfach werden die Zollbestimmungen gehandhabt: Pro Kopf und Nase darf eine bestimmte Freimenge an Alkohol, Zigaretten, Tabak etc. für den eigenen Bedarf an Bord eingeführt werden. Von Zeit zu Zeit patroullieren Zöllner durch die Häfen und kontrollieren die Yachten, fragen, machen Stichproben, lassen sich die Papiere zeigen. Es ist schon besser, wenn dann alles in Ordnung ist.

Einkaufen in Dänemark

Empfehlenswert, weil günstiger, sind Dieselöl und dänische Seekarten. Lebensmittel sind generell etwas teurer als in Deutschland. Allerdings muß man bei Alkohol vom doppelten Preisniveau ausgehen.

Die Läden öffnen morgens um 09.00 Uhr und schließen meist gegen 17.30 Uhr. Der Bäcker macht bereits zwischen 06.00 und 07.00 Uhr auf. Manche Läden haben montags geschlossen. Beim Bäcker sind auch andere Lebensmittel zu haben wie Milch, Joghurt, Käse, Sahne, Kaffee, aber auch Fischmarinaden. Besonders zu empfehlen zum Kaffee: Kranzkuchen mit Marzipan.

Zu guter Letzt

will ich noch eine Art Geheimtip loswerden: Besuch' doch mal ein richtiges Seemannsheim! Es gibt sie in jeder kleineren Hafenstadt der freien Welt, in den großen Welthäfen sogar gleich mehrere. Sie werden von den Kirchen und karitativen Vereinigungen der großen Seefahrtsnationen unterhalten.

Dem Seemannsheim steht der Seemannspastor vor, der die Seeleute betreut, Landausflüge organisiert, Tanzabende veranstaltet, mit den Besatzungen Filme fürs Bordkino und Bücher tauscht, neuerdings auch Videocassetten, und insgesamt den Seeleuten eine Alternative zu Kneipe und Bordell bietet. Bei ihm kann man preiswert essen und trinken, Billard spielen, Zeitungen und Bücher lesen, Tischtennis spielen, fernsehen. Dort treffen sich Seeleute aller Herren Länder: Skandinavier, Engländer, Franzosen, Deutsche, Griechen, Chinesen, Inder, Koreaner, Gilbertesen, Philippinos. Das Seemannsheim ist für viele Seeleute der erste Anlaufpunkt im fremden Hafen und, bei den kurzen Liegezeiten, häufig auch der einzige. Der Seemannspastor ist oft weit in der Welt herumgekommen und kann die tollsten Geschichten erzählen. Jeder ist bei ihm willkommen, auch der Nicht-Seemann.

Viele Seemannsheime sind schön gelegen. In New Orleans schwamm ich in einem Pool unter Palmen, und in Svendborg ist das Seemannsheim in einer alten Villa mit Park untergebracht, direkt am Sund.

Bücherliste

Ankern in Dänemark – Ein Handbuch der schönsten Ankerplätze
Gerti und Harm Claußen, 2. Aufl. 1990,
Verlagshaus Die Barque, Hamburg

Dänemarks Häfen aus der Luft,
Bd. I; Bahnsen/Janßen, 1986,
Delius, Klasing & Co., Bielefeld

Die Seemannschaft – Handbuch für den Yachtsport
Hrsg. Deutscher Hochseesportverband "Hansa e.V.", 1987,
Delius, Klasing & Co., Bielefeld

Hafenhandbuch Ostsee
Bd. I, 1990,
DSV-Verlag, Hamburg

Handbuch für Belte und Sund –
Seehandbuch, D 2004, Kattegat I, 1988,
Deutsches Hydrographisches Institut, Hamburg

Handbuch, Kattegat und Skagerrak –
Seehandbuch, D 2005, Kattegat II, 1988,
Deutsches Hydrographisches Institut, Hamburg

Landgang in Dänemark –
Ein Restaurantführer durch dänische Yachthäfen
Jens/Wöllert, 1988,
Verlagshaus Die Barque, Hamburg

Leuchtfeuerverzeichnis Teil II
D 2101,
Deutsches Hydrographisches Institut, Hamburg

Wetter und Warnfunk
D 2158,
Deutsches Hydrographisches Institut, Hamburg

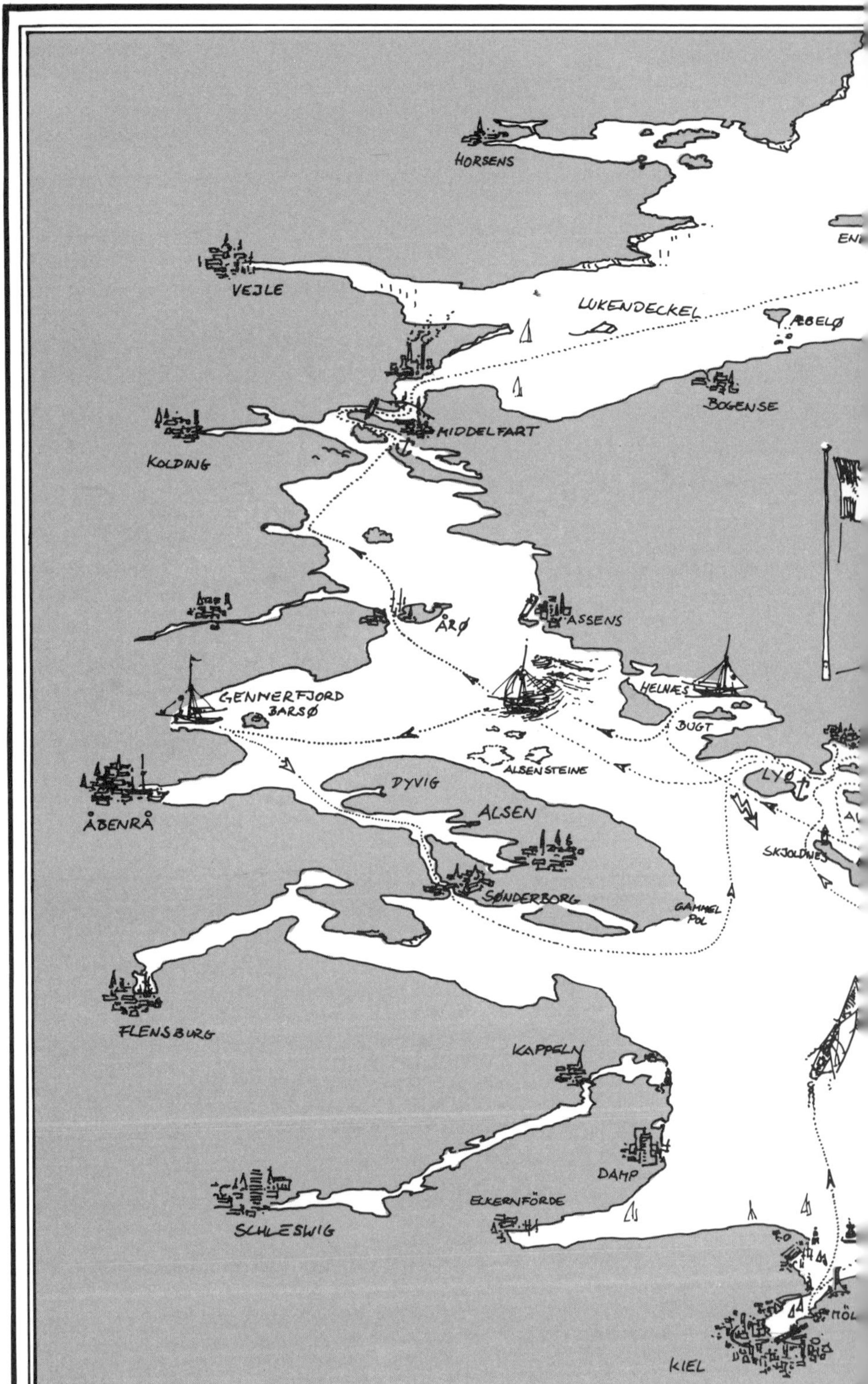
HORSENS
VEJLE
LUKENDECKEL
ÆBELØ
BOGENSE
MIDDELFART
KOLDING
ÅRØ
ASSENS
GENNERFJORD
BARSØ
HELNÆS
BUGT
ALSENSTEINE
LYØ
DYVIG
ALSEN
ÅBENRÅ
SKJOLDNÆS
SØNDERBORG
GAMMEL POL
FLENSBURG
KAPPELN
DAMP
ECKERNFÖRDE
SCHLESWIG
KIEL